आधुनिक भारत के निर्माता

पेरियार

डॉ. संजय जोठे

सम्पादन

अशोक कुमार पाण्डेय

राजपाल

ISBN : 9789393267313

पहला संस्करण : 2023 © राजपाल एण्ड सन्ज़
AADHUNIK BHARAT KE NIRMATA : PERIYAR (Biography)
by Dr. Sanjay Jothe

राजपाल एण्ड सन्ज़

1590, मदरसा रोड, कश्मीरी गेट, दिल्ली–110006
फोन : 011–23869812, 23865483, 23867791
e-mail : sales@rajpalpublishing.com
www.rajpalpublishing.com
www.facebook.com/rajpalandsons

क्रम

यह किताब भारत के उन करोड़ों अन्य पिछड़े वर्ग (ओबीसी) के लोगों को समर्पित है जो नहीं जानते कि ब्राह्मणवादी ग्रंथों में जिन शूद्रों, राक्षसों और असुरों की निंदा की गयी है, वे आज के ओबीसी लोगों के पूर्वज थे।

ये ओबीसी अगर दक्षिण के रामासामी पेरियार और उत्तर भारत के पेरियार कहलाने वाले ललई सिंह यादव की बातें समझ लें तो न सिर्फ़ अपनी बल्कि भारत की तक़दीर भी बदल सकते हैं।

भूमिका

पेरियार को सामाजिक सुधारकों, विचारकों या नेताओं की किसी सामान्य श्रेणी में रखकर नहीं देखा जा सकता। वे इतने अलग हैं और इतने क्रांतिकारी हैं कि ऐसे लोगों को नेता या सुधारक न कहकर विद्रोही कहा जाना ही उचित है। निश्चित ही कई अर्थों में पेरियार एक महान संगठनकर्ता नेता भी हैं लेकिन नेता या सुधारक या सामाजिक परिवर्तन की बयार चलाने वाले क्रांतिचेता होने के अलावा भी वे बहुत कुछ हैं। वे सर्वप्रथम एक विद्रोही विचारक हैं और इसी विचारक के गर्भ से उनके क्रांतिकारी समाज-दर्शन, आंदोलनों और राजनीति का जन्म होता है। अपने समकालीन अन्य समाज सुधारकों या राजनीतिक चिंतकों से परे जाते हुए वे सिद्धांत और व्यवहार में एक अद्भुत संतुलन बनाए रखते थे। इसीलिए उनकी सैद्धांतिक स्थापनाओं का सौन्दर्य एवं शक्ति उनके ज़मीनी संघर्ष में साफ़ नज़र आती है।

अक्सर ही हम एक महान नेता या विचारक का नाम सुनते ही उसके बारे में कुछ पारंपरिक अंदाज़ में सोचने लगते हैं। हमें लगता है कि धर्म या ईश्वर की प्रशंसा करने वाले या फिर समाज में सदियों से चली आ रही परंपराओं को मज़बूत करने वाले लोग ही महान होते हैं। लेकिन पेरियार के विचारों और उनके कामों को देखें तो पेरियार इस तरह की 'महानता' की श्रेणी में किसी अर्थ में शामिल नहीं किये जा सकते हैं। पेरियार ने न केवल ईश्वर का विरोध किया बल्कि संगठित धर्म का भी विरोध किया। ईश्वर विरोधी नज़रिए से समाज को बड़े पैमाने पर संगठित करना अपने आप में एक कठिन चुनौती होती है। पेरियार इस कठिन काम में भारत जैसे धर्मभीरु और ग़रीब देश में कामयाब रहे। इसीलिए यूनेस्को ने भी पेरियार का सम्मान करते हुए पेरियार को 'दक्षिण भारत का वाल्टेयर' कहा है। उनके क्रांतिकारी विचारों एवं सामाजिक, राजनीतिक आंदोलनों की गूंज दुनिया भर में सुनी गयी। एक वैश्विक बौद्धिक समुदाय एवं नागरिक समाज ने उन्हें खूब आदर एवं सम्मान दिया है जिसके बारे में हिन्दी पट्टी के भारतीयों को आज भी पर्याप्त जानकारी नहीं मिल पाई है।

भारत में पेरियार को जानना और समझना थोड़ा कठिन रहा है, विशेष रूप

से उत्तर भारत के हिन्दी बेल्ट में तो यह और भी कठिन रहा है। इसका एक विशेष कारण नज़र आता है। आधुनिक भारत में हिन्दी पट्टी में ब्राह्मण धर्म (जिसे अक्सर हिन्दू धर्म कहा जाता है) ने लोगों के नज़रिए में एक बड़ा नकारात्मक और ख़तरनाक असर डाला है। इस बदलाव की वजह से धर्म और ईश्वर का विरोध करने वाले लोगों को महान समझने में सामान्य लोगों को दिक्कत होती है। अगर इस बात की जाँच-पड़ताल की जाए तो इसका भी एक विशेष कारण है। भारत में और विशेष रूप से हिन्दी भाषी राज्यों में ज्ञात इतिहास में ईश्वर, धर्म, साधना, अध्यात्म एवं भक्ति इत्यादि की प्रशंसा करने वाले लोगों को ही महापुरुष माना गया है। इसके विपरीत अगर कोई व्यक्ति ईश्वर, आत्मा एवं पुनर्जन्म जैसे अंधविश्वासों का विरोध करता है तो उसे महापुरुष तो छोड़िए सामान्य बुद्धि का शिष्ट व्यक्ति मानना भी मुश्किल बना दिया जाता है।

यहाँ एक मज़ेदार बात यह भी है कि इसी उत्तर भारत में कबीर और रैदास भी हुए हैं जो संगठित हिन्दू धर्म और ईश्वर की प्रचलित धारणा का डटकर विरोध करते रहे हैं। इसके बावजूद हमें कबीर और रैदास काफ़ी प्रचलित होते हुए नज़र आते हैं। लेकिन ग़ौर से देखा जाए तो कबीर और रैदास जिस तरीक़े से प्रचलित है, और उनका जो रूप प्रचलित है काफ़ी हद तक संगठित ब्राह्मण धर्म के अनुकूल बना दिया गया है। इसीलिए कबीर और रैदास की तस्वीर का घर-घर तक पहुँच जाना आसान बन गया। उनके मुँह से जिस निर्गुण राम की प्रशंसा निकली उसे दशरथ पुत्र राम की प्रशंसा बनाकर पेश कर दिया गया। इस तरकीब के कारण कबीर और रैदास की वास्तविक क्रांति को कमज़ोर करके उन्हें एक भक्ति संत का नाम देकर घर-घर तक पहुँचा दिया गया है।

लेकिन पेरियार के साथ यह खेल खेलना असंभव है। अभी भी डॉ. अंबेडकर और पेरियार जैसे लोगों की मौलिक विचार प्रक्रिया और विरासत हमारे पास सुरक्षित रूप से मौजूद है। पेरियार को संत कबीर या संत रैदास की तरह किसी काल्पनिक राम, ईश्वर, हरि या धर्म विशेष की प्रशंसा करते हुए अभी तक नहीं दिखाया जा सका है। इस कारण जनमानस में पेरियार के प्रगतिशील चेहरे या 'अनुकूल बना दिए गए चेहरे', दोनों का प्रचार नहीं हो पाया है। ऐसे में पेरियार का नाम ही लोग नहीं जानते हैं। यह भारत के करोड़ों ओबीसी, दलितों, स्त्रियों और अल्पसंख्यकों का दुर्भाग्य है कि उनके हक में आवाज़ उठाने वाले इतने बड़े क्रान्तिकारी की इतनी उपेक्षा होती रही है।

यह किताब इस उपेक्षा की धुंध को छाँटने का एक विनम्र प्रयास है। मैंने पेरियार के क्रांतिकारी विचारों को उनके व्यक्तिगत जीवन की घटनाओं और उनके

द्वारा छेड़े गए आंदोलनों के आईने में पेश करने का प्रयास किया गया है और यह किताब पेरियार के व्यक्तित्व और उनकी सोचने की प्रक्रिया को रेखांकित करती है। इस किताब का मुख्य लक्ष्य उनके जीवन में घटी घटनाओं पर उनके विचारों और प्रतिक्रियाओं को उजागर करना है। इसीलिए इसमें पेरियार के समकालीन अन्य व्यक्तियों की वैचारिकी या रणनीतियों के विस्तार में जाने से परहेज किया गया है। घटनाओं के विस्तार में जाते हुए छोटे-छोटे हैडिंग्स देकर सामग्री को बहुत छोटे-छोटे हिस्सों में बाँटने का प्रयास भी किया गया है ताकि पाठक को पढ़ने में आसानी हो। उम्मीद है इन सावधानियों और इस लक्ष्य के साथ यह पुस्तक पाठकों को पसंद आएगी।

दिसम्बर, 2021   —डॉ. संजय जोठे
मुम्बई

पेरियार और उनका समय

किसी भी विद्रोही और क्रांतिकारी दार्शनिक विचारक का कृतित्व एवं विचार तब तक नहीं समझा जा सकता जब तक कि हम उसके समय को न समझ लें। पेरियार जैसे लोगों के विचार शून्य में नहीं जन्मते बल्कि वे अपने समय से संवाद करते हुए पैदा होते हैं। इस प्रकार पेरियार के विचारों और कामों को समझने के लिए हमें उनके समय के भारत को अर्थात् ब्रिटिश भारत को एवं इस समय की सामाजिक, राजनीतिक विशेषताओं का कुछ अनुमान स्पष्ट करना होगा।

ब्रिटिश शासन तक आते-आते तमिलनाडु सहित पूरे भारत में जाति व्यवस्था और पितृसत्ता काफ़ी मज़बूत हो चुकी थी। 'वर्णाश्रम धर्म' या 'ब्राह्मण धर्म' (जिसे आजकल हिन्दू धर्म भी कहा जाता है)[1] की इस व्यवस्था में जाति और वर्ण के भेदभाव के चलते अवर्ण लोगों सहित सभी वर्ण की स्त्रियों का दमन और शोषण हो रहा था। समाज में बहुत तरह के अंधविश्वास एवं कुरीतियाँ फैली हुई थीं। इस समय तक पूरे तमिल समाज सहित दक्षिण भारत ही नहीं बल्कि पूरे भारत में ही सामाजिक बदलाव की तीव्र आवश्यकता महसूस की जाने लगी थी। एक तरफ़ ब्रिटिश शासन व्यवस्था के अधीन शिक्षा के नए अवसर पैदा हुए। अंग्रेज़ी माध्यम में यूरोपियन शैली की शिक्षा ने भारत के सभी राज्यों में, सभी समाजों में बदलाव की प्रेरणा पैदा की।

यूरोपीय आधुनिकता ने जिस आधुनिक जीवन शैली एवं तार्किक सोच-समझ का प्रचार किया, उससे प्रेरित होकर तमिलनाडु में भी सामाजिक बदलाव की प्रेरणाएँ मचलने लगीं। इसके साथ ही स्त्रियों की शिक्षा एवं उनके सामाजिक, पारिवारिक जीवन में आज़ादी को लेकर हर तरह के आंदोलन शुरू हुए। साथ ही जाति व्यवस्था के खिलाफ़ कई आंदोलन उभरे और उनका भी समाज पर सकारात्मक प्रभाव हुआ जिससे एक तरफ़ जाति व्यवस्था धीरे-धीरे कमज़ोर होने लगी और

दूसरी तरफ़ स्त्रियों को सामाजिक, पारिवारिक जीवन में अधिक अवसर मिलने का रास्ता साफ़ हुआ।

बंगाल और पंजाब में यूरोपीय आधुनिकता

भारत में आने के बाद अंग्रेज़ों का पहला और सुव्यवस्थित संपर्क बंगाली समाज से बना। इसलिए बंगाली समाज में यूरोपीय आधुनिकता की वजह से सबसे पहले बदलाव की लहर शुरू हुई। राजा राममोहन राय और केशव चंद्र सेन जैसे विचारकों ने यूरोपीय शिक्षा का प्रकाश हासिल करके भारत की वर्णाश्रमवादी सामाजिक व्यवस्था को सुधारने का संकल्प लिया। राजा राममोहन राय ने सती प्रथा के अंत के लिए लड़ाई लड़ी और केशव चंद्र सेन ने भी समाज में जाति और धर्म पर आधारित भेदभाव को कम करने के लिए महत्त्वपूर्ण काम किए। बंगाली पुनर्जागरण के नायकों के रूप में इन्होंने एवं अन्य कई बंगाली विचारकों ने पूरे भारत को प्राचीन परंपराओं से निकालकर नए युग की आधुनिकता की तरफ़ ले जाने का महत्त्वपूर्ण काम किया।[2] हालाँकि एक ईमानदार मूल्यांकन किया जाए तो हम पाते हैं कि बंगाली पुनर्जागरण के बावजूद तत्कालीन समाज में कोई मौलिक बदलाव नहीं हुआ। उस समाज में वर्ण व्यवस्था एवं जाति व्यवस्था सहित ईश्वरसत्ता एवं पितृसत्ता की ताक़त में कोई विशेष कमी नहीं आई।

इसी समय भारत के उत्तरी हिस्से में पंजाब में भी एक नई किस्म की आधुनिकता का उदय हो रहा था, इस समय स्वामी दयानंद सरस्वती के आर्य समाज के माध्यम से सामाजिक बदलाव एवं वर्णाश्रम धर्म की रक्षा का एक नया आंदोलन शुरू हुआ था। आर्य समाज के आंदोलन में भी वर्ण व्यवस्था एवं वेदों की पवित्रता पर ज़ोर देते हुए जाति व्यवस्था सहित अस्पृश्यता की निंदा करते हुए कुछ सुधार की पहल की जा रही थी। आर्य समाज की इन कोशिशों ने आम जनमानस ही नहीं बल्कि लाला लाजपत राय जैसे स्वतंत्रता सेनानी को भी प्रेरित किया था।[3] बंगाल और पंजाब के पुनर्जागरण की तुलना की जाए तो हम पाते हैं कि दोनों में एक ख़ास तरह का अंतरंग सूत्र काम कर रहा था। दोनों इलाक़ों में वर्णाश्रम धर्म को इस्लाम और ईसाईयत की नई शिक्षा एवं यूरोपीय आधुनिकता से कड़ी चुनौती मिल रही थी। असल में पंजाब और बंगाल में सामाजिक सुधार आंदोलन का असल लक्ष्य वर्णाश्रम धर्म के मूलभूत ढाँचे को बनाए रखते हुए कुछ ऊपरी सुधार करना था। इसीलिए हम देखते हैं कि इन इलाक़ों में जाति आधारित भेदभाव नए-नए रूप लेकर प्रकट होता रहा है।

ब्राह्मणवाद की नई तकनीकें

तत्कालीन पंजाब और बंगाल में एक दूसरी चुनौती थी इस्लाम और इसाईयत की। उस समय हिन्दू वर्ण व्यवस्था के आख़िरी पायदान पर सबसे अपमानित जीवन जीने वाले करोड़ों लोग बड़ी संख्या में दूसरे धर्मों की तरफ़ जा रहे थे।[1] इस वजह से वर्णाश्रम धर्म को कमज़ोर होता हुआ देख तत्कालीन ब्राह्मणों में अपने ब्राह्मण धर्म में सुधार करने की प्रेरणा पैदा हुई। उस समय भारत में तीसरी दिशा 'महाराष्ट्र' से भी बड़े पैमाने पर सामाजिक बदलाव की आँधी शुरू हुई। महाराष्ट्र में पुणे के ब्राह्मणों में भी अंग्रेज़ी शिक्षा के प्रभाव में सामाजिक बदलाव की लहर पैदा हुई। यह बदलाव की प्रेरणा काफ़ी हद तक वर्णाश्रम धर्म की सुरक्षित सीमा में ही काम कर रही थी, जिसमें ईश्वरसत्ता, पितृसत्ता तथा जाति व्यवस्था के उन्मूलन की बातें शामिल नहीं थीं। इस बदलाव की दूसरी लहर में ज्योतिराव फुले के नेतृत्व में हम एक संपूर्ण क्रांति की लहर उभरते हुए देखते हैं जो छत्रपति शाहूजी महाराज और डॉ. अंबेडकर के नेतृत्व में शिखर पर पहुँचती है।

हालाँकि यहाँ यह भी स्पष्ट करना ज़रूरी है कि इन तीन भाषाई क्षेत्रों में पुनर्जागरण की प्रेरणा का मूल उद्देश्य भारतीय सामाजिक व्यवस्था में पूरी तरह बदलाव करना नहीं था। पूरी तरह बदलाव की बजाय शूद्रों-अतिशूद्रों को कुछ काम-चलाऊ सुधारों के ज़रिए वर्णाश्रम धर्म की खोल में बनाए रखना इनका उद्देश्य था। इसीलिए इन सुधारों के बावजूद शूद्रों, अतिशूद्रों एवं स्त्रियों के जीवन में कुछ ख़ास बदलाव नहीं हुआ था। जिस तरह के बदलाव की प्रेरणा हम संत कबीर, संत रैदास और गुरुनानक सहित ज्योतिराव फुले के काम में देखते हैं, वैसे बदलाव की प्रेरणा हम बंगाल, पंजाब या महाराष्ट्र के ब्राह्मणों के द्वारा चलाए गए आंदोलनों में नहीं देख पाते हैं। इसका मुख्य कारण यह है कि अधिकांश ब्राह्मण नेता एवं सामाजिक सुधारक वर्णाश्रम धर्म को सुरक्षित रखते हुए, अन्य धर्मों एवं संस्कृतियों से मिलने वाली चुनौतियों का उत्तर देना चाहते थे। वहीं दूसरी तरफ़ संत कबीर, संत रैदास, और ज्योतिराव फुले जैसे ग़ैर ब्राह्मण नेता एवं समाज सुधारक वर्णाश्रम धर्म के ईश्वरवादी ढाँचे को पूरी तरह उखाड़ फेंकना चाहते थे। इन बहुजन सुधारकों का काम कहीं गहरा, बुनियादी एवं कहीं ज़्यादा प्रभावशाली रहा है। इन्होंने समाज में आमूलचूल बदलाव के लिए आर्य ब्राह्मण धर्म की ईश्वर, आत्मा एवं पूर्व जन्म से जुड़ी हुई मान्यताओं पर चोट की। इसीलिए इन लोगों ने जिस प्रकार के बदलाव की कल्पना की थी वह आज के आधुनिक भारत के लोकतांत्रिक, समाजवादी, धर्मनिरपेक्ष भारत के निर्माण के लक्ष्य के कहीं अधिक नज़दीक नज़र आता है। ठीक इसी प्रकार के बदलाव की कल्पना हम पेरियार के जीवन भर के संघर्ष में पाते हैं।

नए दौर में क्रांति की नई इबारत

तमिलनाडु का राजनीतिक इतिहास बहुत अधिक उतार-चढ़ाव से भरा रहा है। साथ ही हम यह भी देखते हैं कि तमिलनाडु ही नहीं बल्कि पूरे भारत में ब्रिटिश शासन के दौरान सामाजिक बदलाव के बहुत सारे प्रयास समानांतर चल रहे थे। ऐसे में वर्णाश्रम धर्म के खिलाफ़ एक नई आवाज़ उठाते हुए तमिल संस्कृति, तमिल भाषा एवं तमिल राष्ट्रवाद को आधार बनाते हुए पेरियार ने एक नई क्रांति चेतना को जन्म दिया। यह क्रांति चेतना कितनी विलक्षण और ताक़तवर थी कि इसे भारत के अधिकांश सामाजिक एवं राजनीतिक विचारों के प्रयास की तुलना में काफ़ी रेडिकल माना जाता है। उनकी वैचारिक उग्रता और आक्रमण का एक सबसे बड़ा कारण यह भी था कि वे ब्राह्मणवाद को उखाड़ फेंकना चाहते थे और भारत के मूलनिवासियों की द्रविड़ संस्कृति और सभ्यता का पुनरुत्थान चाहते थे। इस काम के लिए उन्होंने जो एक स्वर्णिम सूत्र दिया था वह था—'वर्णाश्रम धर्म के अंधविश्वासों से बाहर निकलना'।[5] अपनी क्रांतिकारी प्रस्तावना के शिखर पर जाते हुए पेरियार न केवल ब्राह्मण धर्म अर्थात् 'हिन्दू धर्म' के संपूर्ण ख़ात्मे की बात करते हैं बल्कि वे एक वैकल्पिक समाज और दुनिया का नक़्शा देते हुए 'द्रविडनाडु' नामक एक अलग तमिल राष्ट्र की माँग भी उठाते हैं। इस प्रकार ब्राह्मण एवं ग़ैर-ब्राह्मण क्रांतिकारियों एवं सामाजिक सुधारकों की सघन उपस्थिति में, पेरियार एक अलग ही ढंग से अपनी उपस्थिति दर्ज करवाते हैं। सामाजिक सुधार एवं बदलाव का उनका तरीक़ा अन्य प्रचलित अर्थ में क्रांतिकारी समझे जाने वाले लोगों की तुलना में बहुत आक्रामक रहा है। एक ग़ैर समझौतावादी एवं दुस्साहसी नेता के रूप में उनके कामों एवं उनके व्यक्तित्व को समझना अपने आप में एक मज़ेदार यात्रा है।

पेरियार और उनके समय की मुख्य विशेषताएँ

ब्रिटिश भारत में मद्रास प्रेसीडेंसी में सामाजिक, राजनीतिक जागरण की लहर ब्रिटिश भारत में तेज़ी से उभरी। मद्रास में पहला भारतीय अखबार द क्रीसेंट सन 1884 में शुरू हुआ, हालाँकि इसके पहले ही एक तमिल साप्ताहिक *स्वदेशमित्रन* सन् 1882 में निकलना शुरू हो चुका था। सन् 1892 में 'मद्रास हिन्दू सोशल रिफ़ॉर्म एसोसिएशन' की स्थापना हुई जो बाल विवाह पर पाबंदी लगाने एवं पुनर्विवाह की इजाज़त देने के पक्ष में था। इस एसोसिएशन ने नारी शिक्षा के पक्ष में भी पर्याप्त कार्य किया था। इसके बाद 1892 में 'आदि द्रविड़ महाजन सभा' की स्थापना होती है, और 1898 में वीरेशलिंगम द्वारा पहला 'विधवा आश्रम' स्थापित होता है।[6] इसके पहले 1889 मे महाराष्ट्र में पंडिता रमाबाई 'शारदा सदन' के माध्यम से विधवाओं

के लिए बोर्डिंग स्कूल खोलने की पहल कर चुकी थीं, जिसका तिलक और उनके साथियों ने तीख़ा विरोध किया था।

दक्षिण में सामाजिक क्रांति की शुरुआत

यहाँ एक बात विशेष रूप से ग़ौर करने लायक है कि मद्रास प्रेसीडेंसी में सर्वाधिक क्रांतिकारी बदलाव तमिल बहुल ज़िलों में ही नज़र आए। तमिल समुदाय बहुत प्राचीन काल से ही ब्राह्मणवाद एवं हिन्दू धर्म से सीधी टक्कर लेता रहा है। तमिलनाडु में जिस प्राचीन भाषा, संस्कृति एवं सामाजिक जीवन की परंपरा बनी हुई है वह ब्राह्मणवादी धर्म द्वारा विकसित संस्कृति, भाषा एवं समाज से कई मायने में अधिक उन्नत रही है।[7] इस समय मद्रास प्रेसीडेंसी के तमिल भाषी ज़िलों में एक मराठी ब्राह्मण के. श्रीनिवास राव के नेतृत्व में बदलाव के ये आंदोलन चल रहे थे। उस दौर में वर्णाश्रमवादी व्यवस्था में भी आधुनिक यूरोपीय आधुनिकता के दबाव में बदलाव एवं हिन्दू धर्म के पुनरुत्थान दोनों के प्रयोग एक साथ चल रहे थे। इन दोनों का सम्मिलित प्रभाव यह हुआ कि इस इलाक़े में बड़े पैमाने पर ग़ैर ब्राह्मण समाज या द्रविड़ समाज में व्यापक रूप से सामाजिक एवं राजनीतिक चेतना का जन्म हुआ। धीरे-धीरे ब्राह्मण एवं ग़ैर ब्राह्मण समाज में सामाजिक एवं राजनीतिक सत्ता को लेकर संदेह और अविश्वास बढ़ता गया और उनकी दूरियाँ भी बढ़ती गईं। इसी बीच थियोसॉफ़िकल सोसाइटी की तत्कालीन अध्यक्ष एनी बेसेंट के द्वारा सन् 1914 में होमरूल की मांग किए जाने के दौरान भारत के ब्राह्मणवादी इतिहास की महानता के बखान पर बहुत ज्यादा ज़ोर दिया गया। एनी बेसेंट के इस हस्तक्षेप के बाद तमिलभाषी द्रविड़ लोगों में ब्राह्मणवाद एवं ब्राह्मण धर्म के खिलाफ़ भावनाएँ भड़कने लगीं और बहुत तरह के सामाजिक एवं राजनीतिक संघर्ष नज़र आने लगे।[8]

ब्राह्मणवाद का नया अवतार

तत्कालीन मद्रास प्रेसीडेंसी में विशेष रूप से थियोसॉफ़िकल सोसायटी ने भारत के प्राचीन धर्म को पुनर्जीवित करने का जो काम हाथ में लिया वह दक्षिण भारत की सांस्कृतिक विविधता के खिलाफ़ था। थियोसॉफ़िकल सोसायटी की अध्यक्ष के रूप में एनी बेसेंट ने दक्षिण भारत के प्रभावशाली वर्ग में स्वयं को एवं थियोसोफ़िकल आंदोलन को लोकप्रिय बनाने के लिए प्राचीन ब्राह्मणवादी धर्म का महिमामंडन करना शुरू किया। एनी बेसेंट ने आधुनिक ज्ञान-विज्ञान की रोशनी में वेदांती और ब्राह्मणवादी अंधविश्वासों को उचित एवं वैज्ञानिक ठहराना शुरू किया।[9] इस प्रकार के थियोसोफ़िकल सोसाइटी और एनी बेसेंट के प्रयासों से दक्षिण भारत का ब्राह्मण वर्ग

बहुत प्रसन्न हुआ। अब दक्षिण भारत के ब्राह्मण वर्ग को पहली बार यूरोपीय विद्वानों द्वारा स्थापित किसी एक संस्था द्वारा पैदा किए गए तर्कों का सहारा मिल गया। इन तर्कों का सहारा लेकर वे अपने पाखंडों और पाखंडपूर्ण धर्म को सही ठहराने लगे।

इस कारण ग़ुलाम भारत में दक्षिणी भाग में एक बार फिर से ब्राह्मणवाद का उदय तेज़ी से होने लगा। दक्षिण के ब्राह्मण हर संभव मौके पर थियोसॉफ़िकल सोसाइटी के ग्रंथों का हवाला देकर प्राचीन परंपरा, अवतारवाद, पुनर्जन्म, आत्मा, परमात्मा इत्यादि जैसे अंधविश्वासों को सही ठहराने लगे। एनी बेसेंट स्वयं भी वर्ण व्यवस्था और जाति व्यवस्था के पक्ष में दिए गए पुनर्जन्मवादी एवं अवतारवादी तर्कों से सहमत थीं, इसलिए उनका झुकाव ब्राह्मणों की तरफ़ था।[10] इन सबका परिणाम यह होने लगा कि जिस ग़ुलाम भारत में एक तरफ़ यूरोपीय आधुनिकता की पुकार मज़बूत हो रही थी, वहीं दक्षिण में ब्राह्मणवाद के नए अवतार का नए ढंग से उभार हो रहा था। इसे देखकर प्राचीन तमिल, द्रविड़ संस्कृति और सभ्यता के पक्षधर विशेष रूप से चिंतित होने लगे। यही चिंता जस्टिस पार्टी के संस्थापकों एवं पेरियार सहित अन्नादुरई के जीवन भर के संघर्ष में देखी जा सकती है।

पेरियार और उनके काम के विविध आयाम

इसी जटिल और बहुआयामी पृष्ठभूमि में ई.वी. रामासामी नायकर अर्थात् 'पेरियार' का जन्म होता है जिनके व्यक्तित्व में एक दार्शनिक, विचारक, क्रांतिकारी वक्ता, लेखक, आलोचक, पत्रकार, संपादक, व्यंग्यकार और महान संगठन निर्माता जैसे कई चेहरे एक साथ देखते हैं।[11] उस शताब्दी के उथल-पुथल भरे दौर में भारत एवं विश्व में जो कुछ महत्त्वपूर्ण घटित हो रहा था वह पेरियार के विचारों में अपने श्रेष्ठतम रूप में झलकता है।

भारत के सबसे ग़रीब एवं वंचित लोगों के लिए सामाजिक, राजनीतिक और आर्थिक बदलाव मुक्ति के लिए उस समय कांग्रेस पार्टी ही सबसे बड़ा काम कर रही थी। इसीलिए अपने सार्वजनिक जीवन की शुरुआत में उन्होंने भारतीय राष्ट्रीय कांग्रेस का दामन थाम लिया था और वह अपने शुरुआती राजनीतिक जीवन में कांग्रेस के लिए संजीवनी बूटी साबित हुए थे। राजगोपालाचारी ने पेरियार को जब कांग्रेस में आने का निमंत्रण दिया तब उनकी मूल योजना पेरियार के ज़रिए दक्षिण में कांग्रेस को मज़बूत करने की थी। पेरियार एक सम्पन्न व्यापारी परिवार से एवं एक ताक़तवर बालिज जाति से आते थे। इन दोनों पहचानों का कांग्रेस के लिए स्थानीय स्तर पर बहुत महत्त्व था। इसके अलावा पेरियार एक ओजस्वी वक्ता और दुस्साहसी नेता थे। इन सब बातों ने मिलकर तत्कालीन तमिलनाडु कांग्रेस को बहुत

मज़बूती प्रदान की। इसीलिए उनके महान योगदान को तत्कालीन कांग्रेस पार्टी ने भी पहचानते हुए उन्हें सम्मान से 'इरोट्टू नायकर' या 'इरोड का नायकर' कहकर सम्मानित किया था।[12]

बीसवीं शताब्दी की शुरुआत में मद्रास प्रेसीडेंसी भारत में अंग्रेज़ों के लिए सोने की खान थी। ब्रिटिश भारत में यह सबसे महत्त्वपूर्ण इलाक़ों में से एक था जहाँ से ब्रिटिश सरकार न केवल व्यापार-व्यवसाय करती थी बल्कि इस इलाक़े की उपजाऊ शक्ति के कारण बहुत सारा राजस्व भी इकट्ठा करती थी। मद्रास प्रेसीडेंसी उस समय 'प्रेसीडेंसी ऑफ़ फ़ोर्ट सेंट जॉर्ज' भी कहलाती थी। यह क्षेत्र प्राचीन काल में भारत के द्रविड़ों की सांस्कृतिक और राजनीतिक सफलता की महान गाथाओं को जन्म देने वाला क्षेत्र रहा है। यहाँ पर जो द्रविड़ सभ्यता जन्मी उसने सभ्यता और नैतिकता शिखर छुआ था। पेरियार स्वयं मानते थे कि इतना विकास होने का कारण यह था कि इस इलाक़े में ब्राह्मणवादी ईश्वर और ब्राह्मणों के धर्म जैसे अंधविश्वास नहीं थे।

पेरियार की मूल वैचारिकी

पेरियार मानते थे कि उत्तर भारत से ब्राह्मणवाद का ज़हर धीरे-धीरे दक्षिण भारत की तरफ़ फैला और द्रविड़ संस्कृति और सभ्यता का पतन हुआ। ब्राह्मणवादी धर्म, ईश्वर, आत्मा और पुनर्जन्म जैसे अंधविश्वासों को लेकर आए और द्रविड़ लोगों को भाग्यवाद, पलायनवाद, और नैतिक पतन की स्थिति में धकेल दिया। सर्वाधिक ज़हरीला तत्व जो ब्राह्मण धर्म ने और हिन्दुओं के धर्मशास्त्रों ने दक्षिण भारत को दिया वह था 'जातिवाद और वर्ण व्यवस्था'।[13] जातिवाद ने दक्षिण भारत के द्रविड़ समाज की महान प्रतिभा और उर्वरता को कमज़ोर कर दिया। यही कारण है कि पेरियार जीवन भर भारत से एवं विशेष रूप से दक्षिण भारत से ब्राह्मणवाद, जाति व्यवस्था, वर्ण व्यवस्था और छुआछूत को ख़त्म करने के संघर्ष में लगे रहे।

यह भेदभाववादी वर्णाश्रम धर्म जब दक्षिण भारत में पहुँचा तभी छुआछूत आदि की शुरुआत हुई। इसके बाद इस मानवता विरोधी धर्म ने द्रविड़ समाज को तीन मुख्य भागों में बाँट दिया था 'ब्राह्मण, ग़ैर-ब्राह्मण और डिप्रेस्ड क्लास'।[14] डॉ. अंबेडकर ने दलित शब्द के पहले प्राचीन समय में अस्पृश्य माने जाने वाले लोगों को व्यक्त करने के लिए विशेष रूप से 'डिप्रेस्ड क्लास' शब्द का इस्तेमाल किया है। पेरियार दक्षिण भारत के सभी ग़ैर ब्राह्मण लोगों को द्रविड़ मानते थे। वे कहते थे कि द्रविड़ कोई काल्पनिक शब्द या काल्पनिक पहचान नहीं है। पेरियार का मानना था कि ईरान और अफ़गानिस्तान की तरफ़ से भारत में आने वाले आर्यों ने

भारत के मूलनिवासी द्रविड़ों को 'दस्यु', 'अरक्कार' और 'राक्षस' जैसे शब्द दिए। ब्राह्मणों के साहित्य में इन लोगों को वेश्याओं की संतानें कहकर भी अपमानित किया गया है, यह ब्राह्मण संस्कृति और ब्राह्मण धर्म असल में न केवल भारत के द्रविड़ों के बल्कि सभी मूलनिवासी लोगों के खिलाफ़ रहा है। पेरियार ने ज़ोर देकर कहा था कि ब्राह्मणों के द्वारा रचे गए महाकाव्यों ने दक्षिण भारत के द्रविड़ लोगों को ही वानर या बंदर कहा है।[15]

बाद में ब्राह्मणों के धर्मग्रंथों, महाकाव्य, कथा-कहानियों इत्यादि ने इन शब्दों को उत्तर से दक्षिण भारत तक घर-घर में पहुँचा दिया। इस कारण धीरे-धीरे स्वयं द्रविड़ लोग अपने महान इतिहास और अपने महान पूर्वजों की परंपराओं को भूल गए और वे अपने महान पूर्वजों को राक्षस समझ कर उनसे नफ़रत भी करने लगे। हिन्दू धर्म के जाल में फँसने के बाद, जैसे-जैसे जाति व्यवस्था द्रविड़ों में फैलती गई, वैसे-वैसे द्रविड़ समाज में अलग-अलग और छोटे-छोटे डब्बों जैसी जातियों का निर्माण होने लगा। कालांतर में ज्ञान, लेखन, धर्म, शास्त्र आदि की दुनिया में स्थानीय द्रविड़ राजाओं की तुलना में नए उभरते ब्राह्मण वर्ग ने समाज पर प्रभाव बना लिया। इसके बाद इस नए ब्राह्मण वर्ग में उभरे कवियों ने अपनी संस्कृत रचनाओं में दक्षिण भारत के राजाओं का इतिहास उत्तर भारत की ब्राह्मण धर्म की परंपराओं से जोड़ना शुरू किया। यह प्रचार धीरे-धीरे द्रविड़ समाज को अपने ही प्राचीन इतिहास से तोड़कर अलग करने लगा। इसका परिणाम यह हुआ कि आगे चलकर दक्षिण भारत में अय्यर, अयंगर, राव, आचार्य, और शास्त्री जैसे सरनेम लिखने वाले ब्राह्मणों का प्रभाव बढ़ता गया और वे शासन-प्रशासन के ऊँचे स्तरों पर काबिज़ होने लगे। इस कारण ''सन् 1930 तक सरकारी दफ़्तरों और प्रशासन में ग़ैर ब्राह्मणों की भागीदारी बहुत कम थी,''[16] चारों तरफ़ शासन-प्रशासन, मन्दिरों, मठों, धर्मशालाओं, सार्वजनिक स्थानों इत्यादि में ब्राह्मणों का ही वर्चस्व नज़र आता था।

ब्राह्मणों के अलावा एक दूसरा वर्ग था जो कि बहुत बड़ी संख्या में था। वह दक्षिण भारत का मूलनिवासी वर्ग था जो हज़ारों साल से दक्षिण भारत में ही रहता आया था। पेरियार इन मूलनिवासी लोगों को 'द्रविड़' कहा करते थे। ये द्रविड़ निश्चित ही ब्राह्मण नहीं होते थे और सांवले या काले रंग के होते थे, इसीलिए ब्राह्मण लोग इनसे नफ़रत किया करते थे। द्रविड़ मुख्य रूप से खेती-किसानी करने वाले लोग होते थे, जो अपने खून-पसीने से मेहनत कर समाज का पेट भरते थे, इसके बदले में ब्राह्मण इन्हें धन्यवाद तो नहीं देते थे बल्कि अछूत समझकर गालियाँ ज़रूर दिया करते थे। ये द्रविड़ असल में आजकल 'पिछड़ी जाति' या अन्य पिछड़ा वर्ग (ओबीसी) माने जानी वाली जातियों के लोग थे जो ब्राह्मणों द्वारा असभ्य और

अनार्य माने गए हैं। पेरियार बताते थे कि ब्राह्मण लोग इन द्रविड़ लोगों को प्राचीन अछूतों अर्थात् आजकल के दलितों या अनुसूचित जाति के लोगों से ऊपर मानते थे। बाद में ब्राह्मणवाद के ज़हरीले प्रभाव के कारण इन ग़ैर-ब्राह्मण द्रविड़ लोगों में भी कई जातियाँ बन गईं। उदाहरण के लिए मुदलियार, नायडू, चेट्टियार, पलाइमार और नायर इत्यादि। कालांतर में इस मानवता विरोधी धर्म के चंगुल से बचने के लिए इन जातियों में से कई लोग इस्लाम और क्रिश्चियन धर्म अपनाने लगे।

ब्राह्मणों और ग़ैर ब्राह्मण धर्म के अलावा जो तीसरा वर्ग था वह अछूत या अस्पृश्य या डिप्रेस्ड क्लास कहलाता था। इन लोगों में सर्वाधिक प्रभावशाली लोग वे थे जो हिन्दू जाति व्यवस्था में 'शूद्र' कहे गए हैं। ये लोग असल में चातुर्वर्ण व्यवस्था में बताई गई चार श्रेणियों में चौथे नंबर पर आते थे, इसीलिए ब्राह्मणों द्वारा इनके प्रति और ज्यादा अपमानजनक व्यवहार देखा जाता था। ये जातियाँ सर्वाधिक मेहनती और उत्पादक जातियाँ हैं। समाज के जीवन को आगे बढ़ाने के लिए जिन भी सामग्रियों की आवश्यकता होती है वह सामग्रियाँ इन जातियों द्वारा पैदा की जाती हैं। इसीलिए इन श्रमशील लोगों के श्रम को परजीवी जीवन शैली वाले ब्राह्मणों ने स्वयं से नीचा माना और उन्हें शस्त्र-शास्त्र और विद्या का अधिकार नहीं दिया है। इन जातियों में वेल्लाल, नायकर, पडाइचीस, नादर, जुलाहे, बढ़ई, नाई, कुम्हार, मछलीमार, धोबी, कलार और देवंगर जैसी जातियाँ गिनी जातीं हैं।

डिप्रेस्ड क्लास में आने वाली ये सभी जातियाँ अछूत मानी जाती रही हैं। ये अछूत करोड़ों की संख्या में हैं। इन करोड़ों लोगों की स्थिति इतनी दयनीय और बुरी है कि इन्हें देखकर आश्चर्य होता है कि यह देश और यह समाज क्या वाकई सभ्य है? मुट्ठी भर लोगों के पास सारी सुख-सुविधाएँ और सम्मान के अवसर हैं और इन करोड़ों लोगों को न्यूनतम मानवीय गरिमा तक हासिल नहीं है। इन अछूतों में सबसे महत्त्वपूर्ण समुदाय परैयार, पुलैया, और ऐजावा माने जाते हैं, जो बहुत बड़ी संख्या में हैं। इन करोड़ों लोगों को अवर्ण, पंचम, चांडाल और अछूत तक कहा जाता है जिन्हें हिन्दू धर्म के अनुसार न संपत्ति रखने का अधिकार है, न शिक्षा हासिल करने का अधिकार है, न अपने आत्म-सम्मान के लिए आवाज़ उठाने का अधिकार है और न ही इंसान की तरह जीने का अधिकार है। पेरियार मानते थे कि इन करोड़ों लोगों को ऐसी दयनीय स्थिति में डालने की ज़िम्मेदारी ब्राह्मणों और उनके ब्राह्मण धर्म की है।[17]

जन्म और परिवार

पेरियार का जन्म 17 सितंबर 1879 को ब्रिटिश भारत में मद्रास प्रेसीडेंसी के तहत इरोड नामक शहर के 'थाड़मपट्टी' नामक स्थान में एक कर्मकांडी और रूढ़िवादी ग़ैर-ब्राह्मण धनी 'बालीज' परिवार में हुआ था। थाड़मपट्टी नामक यह स्थान बहुत पुराने समय से मसालों के लिए जाना जाता था, और इरोड शहर विशेष रूप से हल्दी उगाने वाले एक महत्त्वपूर्ण इलाक़े के रूप में जाना जाता था। इस हल्दी के व्यापार के कारण यह शहर व्यापारिक रूप से एक महत्त्वपूर्ण शहर था। इरोड शहर पुराने समय में कोयंबटूर ज़िले में आता था। पेरियार के बचपन का नाम 'राघव इरोड वेंकट रामासामी नायकर' (नायडू) था। उनके पिता 'श्वेंकटप्पा नायकर' एक अमीर और सम्मानित व्यवसायी थे। उनकी माँ का नाम 'चिन्नाथायम्माल' था, कई किताबों और लेखों में इन्हे 'मुथमल' भी कहा गया है जो कि संभवतः इनका उपनाम था।

रामासामी नायकर के माता-पिता दोनों ही आरंभ में श्रमजीवी थे एवं एक-एक कदम के संघर्षों से उन्होंने अपने परिवार का निर्माण और पालन-पोषण किया था। इस कारण इस पूरे परिवार की जीवनशैली में आत्म-सम्मान के साथ जीने का और संघर्षों से न घबराने का एक स्वाभाविक गुण स्थापित हो चुका था। ई.वी. रामासामी नायकर से पहले वेंकट नायकर और चिन्नाथायम्मा के दो और बच्चे हुए थे जो कि अधिक समय तक ज़िंदा न रह पाए। इन दो बच्चों की मौत के 10 साल बाद 28 सितंबर 1877 को पेरियार के बड़े भाई ई. कृष्णास्वामी नायकर का जन्म हुआ, और इसके 2 साल बाद तमिलनाडु के कोयंबटूर ज़िले के इरोड नामक स्थान पर 1879 को इरोड वेंकट रामासामी नायकर अर्थात् हमारे नायक पेरियार का जन्म हुआ। रामासामी की दो छोटी बहनें भी थीं जिनका नाम 'कन्नामा' और 'पोन्नूथोय' था। इस प्रकार उनका भरा पूरा परिवार था जिसमें जीवन, परिवार, समाज और धर्म-संस्कृति आदि से जुड़ी बातें सीखने-सिखाने के पर्याप्त अवसर निर्मित होते रहते थे।

पेरियार के माता-पिता का संघर्ष

पेरियार संकटों और अभावों में जीवन गुज़ारने वाले माता-पिता की संतान थे। उनके माता-पिता की कहानी अपने आप में संघर्ष और अदम्य जिजीविषा की कहानी है। रामसामी नायकर के दादा-दादी अर्थात् वेंकट नायकर के माता-पिता उनके बचपन में ही गुज़र गए थे। माता पिता के स्नेह एवं सानिध्य के बिना जीवन की कठोर परिस्थितियों से संघर्ष करते हुए उन्होंने अपने जीवन का मार्ग स्वयं बनाया। वेंकट नायकर ने 19 साल की उम्र से ही एक पत्थर तराशने वाले कारीगर के सहायक के रूप में अपने कारोबारी जीवन की शुरुआत कर दी थी।[1] अकेले होने के कारण उनके लिए पैसा कमाने वाला या भोजन बनाने वाला कोई नहीं होता था इसलिए उन्हें अपने जीवन के सारे आवश्यक काम ख़ुद ही करने होते थे।

जीवन के कठोर अनुभवों से गुज़रते हुए उन्होंने व्यापार-व्यवसाय में काफ़ी उन्नति की और धीरे-धीरे वे अपने इलाक़े के एक प्रमुख व्यापारी बनकर उभरे। समय आने पर उनका विवाह हुआ। उनकी पत्नी भी उत्कट जिजीविषा वाली एवं संघर्ष करने वाली स्त्री थीं जिन्होंने उनके कदम-से-कदम मिलाकर अपने परिवार को मज़बूत बनाने में एक लंबा संघर्ष किया। वेंकट नायकर अपने वैवाहिक जीवन की शुरुआत में अपने कारोबार के दौरान बड़े-बड़े पत्थरों को तराशने का काम किया करते थे। ठीक इसी समय उनकी पत्नी अपने सिर पर ईंटों की ढुलाई करते हुए अपनी मेहनत से परिवार के लिए अतिरिक्त आमदनी का इंतज़ाम करती थी। ठीक यही संघर्ष हम एक अन्य पिछड़ी जाति से आने वाले महान क्रांतिकारी ज्योतिराव फुले और उनकी पत्नी सावित्रीबाई फुले के जीवन में देखते हैं। फुले दंपति भी छोटे-छोटे कामों से अपनी आजीविका चलाते थे।[2] वेंकट नायकर ने अगले बीस सालों में अपनी सूझ-बूझ और मेहनत के बल पर काफ़ी धन-संपत्ति हासिल की। अपने जीवन के आरंभिक वर्षों में पेरियार ने अपने माता-पिता को जिस तरह संघर्ष करते हुए देखा उस याददाश्त ने पेरियार को कठिन चुनौतियों से जूझते रहने की प्रेरणा दी।

नायकर परिवार की मातृभाषा

नायकर परिवार असल में एक कन्नड़भाषी परिवार था। ये नायकर लोग विजयनगर साम्राज्य के 'नाइडु' लोगों के वंशज माने जाते हैं। ऐसा माना जाता है कि इन प्राचीन नाइडु लोगों ने बेल्लारी और मैसूर की तरफ़ दो अलग-अलग दिशाओं में पलायन किया था। जो लोग मैसूर की तरफ़ गए थे वे कन्नड़ बालिज कहलाते हैं, बाद में इन्हीं का नाम बदलकर 'नायकर' हो गया। पेरियार का जन्मस्थल इरोड में व्यापारिक रूप से एक महत्त्वपूर्ण स्थान था। यह एक रेलवे जंक्शन था और

एक बहुत बड़ा बाज़ार था जिसमें कि कपास, मूँगफली, तंबाकू जैसी फ़सलों के अलावा चमड़े के सामान का बड़ा व्यापार होता था। पेरियार का बचपन अपने माता-पिता के साथ अपने इलाक़े की व्यापारिक गतिविधियों को देखते-समझते हुए गुज़रा था। व्यापारिक गतिविधियों में इस पूरे परिवार की कुशलता ने अपने आस-पास के इलाक़ों में बड़ा प्रभाव छोड़ा था। कठिन संघर्ष और सूझ-बूझ के ज़रिए नायकर परिवार जल्दी ही संपन्न और समाजसेवी परिवार के रूप में उभरा। धीरे-धीरे वेंकट नायकर को अपने इलाक़े का एक महत्त्वपूर्ण एवं समझदार व्यक्ति माना जाने लगा। उन्हें स्थानीय इरोड नगर पालिका के काउंसलर के रूप में भी चुना गया था। अपने इलाक़े के विकास एवं ग़रीबों की मदद के लिए दिल खोलकर आर्थिक मदद किया करते थे, और सरकार को इनके व्यापार से एक अच्छ-ख़ासा इनकम टैक्स भी प्राप्त होता था। यह परिवार अपनी व्यापारिक कुशलता एवं सामाजिक सक्रियता में इतना प्रसिद्ध हो चुका था कि त्रावणकोर के महाराजा भी अपनी दिल्ली यात्रा के दौरान इस परिवार के पास आकर रुका करते थे।

पेरियार की जाति

पेरियार मूल रूप से शूद्र मानी जाने वाली गड़रिया जाति से आते थे जिनका मूल कार्य आरंभ में भेड़-बकरियाँ चराना होता था। इस जाति को दक्षिण में बालिज जाति के नाम से जाना जाता है। ‘बालिज’ ‘बालीजा’ या ‘वीर बलीजा’ आंध्र प्रदेश, तमिलनाडु, कर्नाटक और केरल जैसे दक्षिण भारतीय राज्यों में एक व्यापारिक जाति है। इस जाति को भारत के विभिन्न राज्यों में ‘बलंजा’, ‘बनंजा’, ‘बनंजू’ और ‘बनिजिगा’ के नाम से भी जाना जाता है। बलीजा भारतीय समाज व्यवस्था के अनुसार पिछड़ी जाति अर्थात् ओबीसी लोग हैं जिन्हें हिन्दू परंपरा के अनुसार ब्राह्मण और क्षत्रिय वर्ण से कमतर माना जाता है। एक शूद्र जाति में पैदा होने के कारण उनके माता-पिता एवं स्वयं उन्हें भी जीवन भर जातिगत भेदभाव, अपमान का सामना करना पड़ा था। इसीलिए उनके जीवन भर के लेखन, भाषण और आंदोलनों में जाति को उखाड़ फेंकने एवं ब्राह्मणवाद को जड़ मूल सहित नष्ट कर देने के आग्रह इतनी प्रबलता से उभरते हैं।

अधूरी शिक्षा और विद्रोही जीवन की शुरुआत

वेंकट नायकर की एक मौसी थी जो कि बचपन से ही विधवा थीं। वे वेंकट नायकर और उनके सभी बच्चों को बहुत प्यार करती थी। इन्हीं मौसी ने कुछ समय तक रामासामी नायकर का पालन-पोषण किया था लेकिन उनकी आर्थिक

स्थिति अच्छी नहीं थी इसलिए उनके पिता ने जल्दी ही उन्हें अपने पास बुला कर पाँच साल की उम्र में एक स्थानीय स्कूल में भर्ती कर दिया। इस प्रकार पेरियार ने अपनी स्कूली शिक्षा शुरू की और बड़े आश्चर्य की बात है कि उन्होंने सिर्फ़ पाँच साल तक ही स्कूली शिक्षा हासिल की। इसके बाद उन्होंने स्कूल से औपचारिक रूप से कुछ नहीं सीखा।[3] यह पाँच साल की पढ़ाई भी एक ही जगह नहीं हुई बल्कि दो अलग-अलग जगहों पर हुई थी। सन् 1885 में उन्हें इरोड के एक छोटे से स्कूल में भर्ती किया गया। इस स्कूल में उन्होंने सिर्फ़ तीन साल पढ़ाई की और इसके बाद इरोड नगर पालिका के दूसरे बड़े स्कूल में चले गए जहाँ उन्होंने दो साल तक पढ़ाई की। इस तरह कुल मिलाकर उन्होंने पाँच साल तक ही स्कूल की पढ़ाई की और फिर ग्यारह साल की उम्र में पढ़ाई छोड़ दी। अपने बचपन में अपनी पढ़ाई के दौरान वे हद से ज्यादा शरारती बच्चे थे, जो किसी भी प्रकार से अपने माता-पिता या शिक्षकों के बस में नहीं आते थे।

अपनी स्कूली शिक्षा के दौरान पेरियार ने अपने समाज को बहुत क़रीब से देखा, वे हमेशा से सामाजिक असमानता और धार्मिक अंधविश्वास एवं कट्टरता को विशेष रूप से तार्किक दृष्टि से देखा करते थे। अपने आस-पास रहने वाले अन्य लोगों के समान पेरियार अपने दोस्तों से किसी भी प्रकार छुआछूत का व्यवहार नहीं करते थे। अपने सभी दोस्तों से आसानी से घुल-मिल जाते थे और उनके घरों में जाकर भोजन भी करते थे। जाति और धर्म के भेदभाव को नहीं मानते थे और अक्सर ही नीची समझी जाने वाली जातियों के घर जाकर पानी पिया करते थे।[4] बचपन से ही पेरियार बहुत विद्रोही, जिज्ञासु और शरारती स्वभाव के थे। वे हर बात पर कड़े सवाल उठाते थे। वे इतने विद्रोही थे कि उनके परिवार स्कूल एवं शिक्षकों सहित पंडितों-पुरोहितों के लिए एक कड़ी चुनौती बन गए थे।[5]

जल्द ही स्कूली शिक्षा पर विराम

अपने शरारती एवं विद्रोही स्वभाव के कारण ही उन्होंने समझ लिया कि वे स्कूल में किसी तरह की शिक्षा हासिल नहीं कर सकेंगे। इसी कारण उनके माता-पिता को भी यह निर्णय लेना पड़ा कि पेरियार को स्कूल भेजने से कोई फ़ायदा नहीं है। इस घटना को याद करते हुए ख़ुद पेरियार ने अपने शब्दों में कहा है कि ''बहुत जल्द ही मेरी पढ़ाई ख़त्म हो गई और मुझे दुकान पर भेज दिया गया, अपने पिता की दुकान पर मेरा काम होता था कि मैं पार्सल के लिए तैयार किए गए थैलों के ऊपर नाम और पते लिखा करता था'।[6] इससे अधिक किसी शिक्षा की उम्मीद न तो पेरियार ने ख़ुद अपने लिए की थी और ना ही उनके माता-पिता ने की थी।

हालाँकि पेरियार के स्कूल छोड़ने के विषय में एक अन्य कारण भी बताया जाता है। पेरियार स्कूल के अपने पिछड़ी जाति के दोस्तों के साथ खाना खाते थे, पानी पीते थे। इसके अलावा वे स्कूल के पास शूद्रों और दलितों की बस्ती में जाकर भी पानी पी आते थे। इस कारण ब्राह्मण शिक्षकों ने संभवत: उनकी पढ़ाई बंद करने के लिए वातावरण बनाया था।[7]

अभिशाप बना वरदान

एक अर्थ में इस तरह से स्कूल छूट जाना अच्छा साबित हुआ। इसी की वजह से पेरियार अपने आस-पास फैली हुई सामाजिक, राजनीतिक गतिविधियों से सीधे शिक्षा प्राप्त कर रहे थे। मोटी-मोटी किताबों और सिद्धांतों को औपचारिक रूप से पढ़े बिना, समाज में अपने जीवन के ज़रिए प्रत्यक्ष रूप से शिक्षा हासिल कर रहे थे। शिक्षा में उनकी अपने विद्रोही एवं जिज्ञासु प्रवृत्ति एक महत्त्वपूर्ण भूमिका निभा रही थी। औपचारिक रूप से किसी वाद या सिद्धांत से प्रभावित हुए बिना अपनी तर्क बुद्धि एवं आलोचनात्मक शक्ति के बल पर एक साथ बहुत सारी चीज़ें सीख रहे थे। धीरे-धीरे उनकी तर्क बुद्धि एवं व्यवहारकुशलता ने उनके पिताजी के काम में भी चार चाँद लगा दिये। पेरियार की व्यापारिक कुशलता के कारण उनके पिता का कामकाज बहुत तेज़ी से आगे बढ़ने लगा। इस सफलता को देखकर स्वयं पेरियार ने भी अपने पिताजी के कारोबार को बढ़ाने में अपना जीवन लगाने का निर्णय ले लिया और उसी दिशा में लगन और मेहनत से आगे बढ़ने लगे।

पेरियार सभी लोगों से बहुत ही हँसमुख तरीक़े से पेश आते थे और उनसे बातें करते हुए उनका दिल जीत लेते थे। इस व्यवहारकुशलता के साथ जब वे बहुत सारे लोगों से एक साथ मुखातिब होते थे तब उनके व्यवहार एवं मनोविज्ञान का अध्ययन करते हुए उनकी विशेषताओं को सीखते थे। इस कारण उन्हें अपने समाज में आस-पास घट रही सामाजिक, राजनीतिक, धार्मिक गतिविधियों की सीधी समझ हासिल होती थी। यह समझ औपचारिक शिक्षा में किताबों के ज़रिए कभी हासिल नहीं हो सकती। इसीलिए पाँच साल की औपचारिक शिक्षा के बावजूद पेरियार के जीवन और व्यक्तित्व में हमें ज्ञान की जो ऊँचाई नज़र आती है वह दूसरे समकालीन लोगों में कम ही दिखाई देती है।

परिवार का धार्मिक जीवन एवं धार्मिक संस्कार

बचपन में और युवावस्था की शुरुआत में वह बहुत धार्मिक इंसान थे। उनके माता-पिता बहुत धार्मिक और कर्मकांडी वैष्णव हिन्दू थे, इसीलिए वह वैष्णव हिन्दू धर्म से

जुड़े हुए तरह-तरह के कर्मकांड-व्रत-उपवास इत्यादि भी बहुत लगन से करते थे। तरह-तरह के गुरु बाबा और योगी तांत्रिक और पुजारी इत्यादि अक्सर ही उनके घर आया-जाया करते थे।[8] इस प्रकार पेरियार ने औपचारिक शिक्षा हासिल किए बिना ही भारत में वर्तमान में प्रचलित हिन्दू धर्म के सभी शास्त्रों-महाकाव्यों एवं धार्मिक ग्रंथों का अध्ययन कर लिया था। पुजारी एवं गुरु एक-दूसरे पर एवं अन्य परंपराओं के बारे में टीका-टिप्पणी करते थे। इसलिए पेरियार ने बचपन से ही बहुत तार्किक एवं आलोचनात्मक दृष्टि से इन बातों का मूल्यांकन करना भी सीख लिया था।[9]

तर्कवादी पेरियार का उदय

धीरे-धीरे उनकी स्वयं की तार्किक चेतना बढ़ती गयी और उन्होंने धर्म एवं कर्मकांड की बातों पर अपने तार्किक प्रहार करने शुरू कर दिए। उन्होंने स्थानीय पंडितों के साथ कई वाद-विवाद किए और उन्होंने उनके ज्ञान और पवित्र ग्रंथों को चुनौती दी। पेरियार यह मानते थे कि ये धार्मिक ग्रंथ और पौराणिक कथाएँ भारत में द्रविड़ों, स्त्रियों और दलित-बहुजनों की तमाम समस्याओं की जड़ हैं। इन सब बातों से गुज़रते हुए उन्होंने शास्त्रों और धार्मिक कहानियों में छुपे विरोधाभासों को पकड़ना शुरू किया। ऐसा करते हुए धीरे-धीरे उन्होंने सीखा कि अपनी बातों को तार्किक रूप से एवं लोगों को समझाते हुए कैसे रखा जाए। विशेष रूप से धार्मिक मिथकों से जुड़ी हुई कहानियों और चमत्कार कथाओं का चीर-फाड़ करना उन्होंने बचपन से ही सीख लिया था।

इस विषय में पेरियार ख़ुद कहते हैं कि ''पंडितों की कहानियों में छुपे हुए विरोधाभास को जब मैं उन्हीं के मत्थे पर दे मारता था तब मुझे बड़ा मज़ा आता था। इसी समय आस-पास के लोगों में एक समझदार वक्ता के रूप में मेरी छवि बन गई। मुझे लगता है कि इसी अनुभव के कारण मैं जाति व्यवस्था सहित सभी संप्रदायों, धार्मिक पुराण कथाओं, शास्त्रों और यहाँ तक कि ईश्वर का भी विरोधी बन गया।''[10] इसी दौरान उन्होंने बहुत क़रीब से देखा कि कुछ लोग धर्म का इस्तेमाल लोगों को बेवकूफ़ बनाने में और उन्हें ठगने में करते हैं। जाति और लिंग आधारित भेदभाव को देखकर किशोर पेरियार इस स्थिति को बदलने के बारे में सोचते रहते थे। पेरियार को जाति और लिंग पर आधारित भेदभाव और ऊँच-नीच से बचपन से ही नफ़रत सी हो गयी थी। इस नफ़रत की पृष्ठभूमि में नास्तिकता और तार्किकता ने उन्हें एक गंभीर सामाजिक विचारक बना दिया।

विवाह और स्त्री अधिकारों के लिए संघर्ष

समय आने पर बाद में युवा पेरियार की 19 साल की उम्र में माता-पिता की इच्छा से पारंपरिक ढंग से शादी हुई। उस समय उनकी पत्नी नागमई 13 साल की थीं। यह उन दिनों की प्रथा थी जहाँ लड़के और लड़कियों की शादी आज के समय की तुलना में काफ़ी पहले हो जाया करती थी। इस तरह जल्द होने वाली शादी ख़ुद भी एक मुद्दा थी जिसके खिलाफ़ पेरियार ने आंदोलन छेड़ा था। स्त्रियों की आज़ादी और अधिकारों के लिए एक आंदोलन चलाते हुए उन्होंने इस बात पर ज़ोर दिया था कि लड़कियों को पढ़ाई के लिए समय और अवसर दिया जाना चाहिए।[1] उनकी जीवन गाथा को अगर हम ग़ौर से देखें तो अपने विवाह के तुरंत बाद ही वे स्त्रियों के अधिकारों और मुक्ति के प्रश्नों से जूझने लग जाते हैं। ऐसा वे सिर्फ़ वैचारिक या सैद्धांतिक जगत में नहीं करते बल्कि अपने घर से इसकी ज़मीनी शुरुआत करते हैं।

बेटी का जन्म और मृत्यु

इस शादी के बाद पेरियार के घर एक बेटी का जन्म हुआ। दुर्भाग्य से यह बेटी सिर्फ़ पाँच महीने तक ही जीवित रह सकी।[2] इस बात से उनके दाम्पत्य की शुरुआत में ही उन पर एक गहरा दुख आन पड़ा। धीरे-धीरे उन्होंने अपने-आपको सँभाला और जीवन के अगले चरणों में कदम बढ़ाए। इस एक बेटी के बाद पेरियार को जीवन भर कोई संतान नहीं हुई। लेकिन पेरियार दम्पति ने इसका अधिक दुख नहीं मनाया और अपना जीवन समाज के करोड़ों बच्चों के जीवन को सँवारने में लगा दिया। उनकी पत्नी, नागमई अपने पति के साथ लगातार एक बराबरी की भूमिका निभाने वाले साथी, एक दोस्त और एक्टिविस्ट की तरह रहती थीं। उन्होंने बाद के वर्षों में पेरियार के साथ हर आंदोलन और सामाजिक गतिविधि में समान रूप से भाग लिया। इसी तथ्य को हम महाराष्ट्र में ज्योतिबा फुले और उनकी पत्नी सावित्रीबाई फुले के साथ देखते हैं। सावित्रीबाई एक

कवियित्री और शिक्षिका थीं और उन्होंने ज्योतिबा के साथ मिलकर भारत के इतिहास में लड़कियों के लिए पहला स्कूल खोला और चलाया।[3]

अपने घर से नारी मुक्ति आंदोलन की शुरुआत

स्त्रियों की आज़ादी को लेकर पेरियार की कोशिशें उनके अपने परिवार पर भारी पड़ने लगीं। पेरियार का अपना परिवार एक ग़ैर-ब्राह्मण वैष्णव परिवार था जिसमें ईश्वर और पितृसत्ता के सिद्धांतों का ज़हर घुला हुआ था। इसलिए उनके माता-पिता स्त्रियों की आज़ादी के सख़्त खिलाफ़ थे। ऐसे स्त्री विरोधी धर्म और कर्मकांड में पहले इस परिवार में रहते हुए पेरियार को स्त्रियों का पक्ष लेने की क़ीमत चुकानी पड़ी। स्त्रियों की आज़ादी के बारे में पेरियार के जो विचार थे उनकी पहली झलक उनके अपने शादीशुदा जीवन में दिखाई देती है। उन्होंने अपनी पत्नी को मंगलसूत्र पहनने तक के लिए मना कर दिया। पेरियार इस पवित्र सूत्र को ग़ुलामी की निशानी मानते थे। उन्होंने अपनी पत्नी को देवी-देवताओं के मन्दिर जाने के विषय में भी पुनर्विचार करने को कहा।

पेरियार देखते थे कि भारत की स्त्रियों के मन में शास्त्रों एवं धर्म की आज्ञा इतनी गहराई तक बैठी हुई है कि वे अपनी स्थिति या अन्य स्त्रियों की स्थिति बदलने के लिए कुछ कोशिश करने की बात सोच ही नहीं पाती हैं। वे धर्मशास्त्रों, *रामायण*, *महाभारत* एवं *मनुस्मृति* सहित अन्य ब्राह्मणवादी एवं अंधविश्वासी शास्त्रों में भरोसा रखती है, इसलिए उनमें वैज्ञानिक एवं तर्कवादी बुद्धि का विकास नहीं हो पाया। पेरियार इस तरह के विश्वास को भारत में स्त्रियों के पतन से जोड़कर देखते और दिखाते थे।[4] वह स्वयं बालिजा जाति में पैदा हुए थे, यह जाति कट्टर वैष्णव जाति थी जिसमें पर्दा प्रथा प्रचलित थी और स्त्रियों को बहुत सारी बंदिशों के बीच अपना जीवन गुज़ारना होता था। इस जाति में ब्राह्मणवादी धर्म का इतना प्रभाव था कि विधवाओं को पुनर्विवाह की अनुमति नहीं होती थी और न ही स्त्रियों को अपनी मर्ज़ी की शादी करने के लिए कोई आज़ादी होती थी।[5]

बहन की बाल-विधवा बेटी का पुनर्विवाह

पेरियार की छोटी बहन की प्रसव के दौरान मौत हो गई थी। इस छोटी बहन के दो बच्चे थे एक वह लड़की थी जिसे जन्म देते हुए यह बहन चल बसी थी, और दूसरा एक लड़का था। लड़की का नाम अम्माई था, यह जब 10 साल की हुई तब इसकी बड़ी धूमधाम से शादी कर दी गई। इस शादी के समय इसके पति

की उम्र 13 साल थी। दुर्भाग्य से शादी के 60 दिन बाद ही लड़की के पति को गंभीर डायरिया हुआ और वह मर गया। जब पेरियार ने यह सुना तब वे बहुत दुखी हुए और बहुत दिनों तक उदास मन लिए इधर-उधर भटकते और परेशान होते रहे। यह बच्ची अपने पति की मौत की ख़बर सुनकर पेरियार के पास रोती हुई आई, और कहने लगी कि आप लोगों ने मेरी शादी इतनी जल्दी क्यों की। यह सवाल सुनने के बाद पेरियार उस बच्ची को गले से लगा कर फूट-फूटकर रोते रहे। इसी समय उन्होंने तय कर लिया था कि वे इस दुखियारी बच्ची को एक विधवा की तरह नहीं जीने देंगे। पेरियार ने उसी समय इस बच्ची की दोबारा शादी करने का निर्णय ले लिया था।[6]

स्त्रियों के अधिकार और रामास्वामी पेरियार

पेरियार अपनी सभाओं में कहा करते थे कि अगर कोई मनुष्य यह मानता है कि वह दूसरे मनुष्य के समान है, और उसे दूसरे मनुष्यों की तरह ही समानता का अधिकार है तभी वह मनुष्य वास्तव में आत्म-सम्मान से भरा हुआ मनुष्य माना जा सकता विशेष रूप से यहाँ इस बात पर ज़ोर दिया जाता है कि मनुष्य शब्द में स्त्रियाँ भी शामिल हैं। अक्सर ही धर्म, संस्कृति, शिष्टाचार, अध्यात्म इत्यादि से जुड़े हुए लोग एक ख़ास ढंग से सोचते हैं, और जब भी 'मनुष्य' शब्द का इस्तेमाल होता है, वे मनुष्य शब्द का अनुवाद पुरुष के रूप में ही करते हैं। इसी सिलसिले में उन्होंने 'आत्म-सम्मान विवाह' की एक नई पद्धति विकसित की थी जिसके ज़रिए उन्होंने कम खर्च वाली, अंधविश्वासों से रहित और स्त्रियों के पक्ष में नए किस्म के विवाह की परंपरा डाली थी। आत्म-सम्मान विवाह की रचना करते हुए उन्होंने स्पष्ट रूप से घोषणा की थी कि एक लड़की की शादी की उम्र कम-से-कम सोलह साल होनी चाहिए। उन्होंने यह भी सुझाव दिया किया कि अगर विवाह के बाद स्त्री या पुरुष एक-दूसरे को पसंद न करें तो वे आसानी से तलाक ले सकते हैं। इसके साथ ही विधवाओं को दूसरे विवाह करने की ना केवल आज़ादी मिलनी चाहिए बल्कि समाज को दूसरा विवाह में मदद भी करनी चाहिए। ऐसे किसी पहले या दूसरे विवाह में धर्म, जाति इत्यादि की कोई रुकावट नहीं आनी चाहिए।[7]

प्रेम, कौमार्य और सतीत्व पर पेरियार के विचार

पेरियार ने स्त्री-पुरुष के जीवन से जुड़े हुए हर संभव पहलू पर बात की है। विशेष रूप से स्त्री पुरुष के बीच में प्रेम, सहकार और समन्वय के विषय

पर उन्होंने विस्तार से अपनी बात रखी है। प्रेम के विषय में भी कहते थे कि ''अगर किसी के मन में दूसरे लिंग के मनुष्य के प्रति सच्चे प्रेम का उदय हुआ है तो ऐसा प्रेम एक स्थाई सद्गुण बन जाता है, इस स्थिति में उस मनुष्य को वासना, या फिर क्षणिक लगाव जैसा कोई भाव मन में नहीं आता है।''[8] ऐसी स्थिति, और प्रेम की ऐसी ऊँचाई तभी संभव हो सकती है जबकि मनुष्य एक-दूसरे को सिर्फ़ मनुष्य के रूप में देखते हैं। अगर वे एक-दूसरे की जाति, धर्म, कुल और वंश की सामाजिक स्थिति या संपत्ति पर नज़र रखते हैं तो उन्हें सच्चा प्रेम नहीं हो सकता। इसीलिए वे अपने भाषण में बार-बार दोहराया करते थे कि स्त्री और पुरुष के विचार आपस में मिलने चाहिए और उनकी शिक्षा का स्तर संतोषजनक होना चाहिए, शिक्षित होना चाहिए एक जैसे उद्देश्य और विचारों का सम्मान करते हुए आपस में प्रेम कर पाते हैं।

पेरियार मानते थे कि ईश्वर और पितृसत्ता ने ही पुरुषों के मन में स्त्रियों की कौमार्य और सतीत्व के बारे में पाखंड की रचना की है। वे अक्सर कहा करते थे कि सामाजिक एवं सार्वजनिक जीवन में जितने अधिकार पुरुषों के हैं उतने ही अधिकार स्त्रियों के भी हैं। इस बात को आगे बढ़ाते हुए वे इन अधिकारों को प्रेम, अपनी पसंद की शादी, लैंगिक साथी के चुनाव और विवाह या पुनर्विवाह के अधिकार से भी जोड़ते थे। इसीलिए वे ब्राह्मण धर्म के कौमार्य और सतीत्व से जुड़े पाखंडी एवं मनुष्यता विरोधी विचारों को पसंद नहीं करते थे।[9]

'करपू' और 'निराई' की व्याख्या

पेरियार ने सतीत्व और कौमार्य से जुड़ी सामाजिक मान्यताओं एवं विचारों का खंडन करते हुए इन शब्दों की कठोर समीक्षा की। तमिल भाषा में सतीत्व या लैंगिक अनुशासन के लिए 'करपू' शब्द का इस्तेमाल होता है। पेरियार ने इसकी व्याख्या करते हुए कहा कि इसका अर्थ होता है आत्म-सम्मान, व्यक्तित्व की अखंडता, सत्य और ईमानदारी से जीवन जीना। इस शब्द का यह अर्थ करते हुए उन्होंने लोगों को समझाया कि इस शब्द को सिर्फ़ लैंगिक अनुशासन और ब्रह्मचर्य से जोड़कर देखना न केवल ग़लत है बल्कि स्त्रियों और मनुष्य जीवन के विरोध में है।[10]

इस शब्द के अलावा उन्होंने एक अन्य तमिल शब्द 'निराई' की भी एक नई और भिन्न व्याख्या प्रस्तुत की। इस शब्द को पारंपरिक रूप से 'सद्गुण या शुभ' की धारणा से जोड़कर देखा जाता है। इसका इस्तेमाल करते हुए पारंपरिक

लोग स्त्री और पुरुषों को लैंगिक अनुशासन की तरफ़ जाने को कहा करते थे। इसमें छुपा हुआ भाव यह रहता था कि लोग जाति, वर्ण और ऊँच-नीच का ध्यान रखते हुए प्रेम संबंधों के बारे में विचार करें। इस प्रकार यह शब्द भी ब्राह्मणवादी धर्म की पितृसत्तात्मक राजनीति का एक उपकरण बन चुका था। पेरियार ने इस शब्द की व्याख्या ही बदल दी। पेरियार ने देखा कि यह शब्द मूल रूप से स्त्रियों के लैंगिक अनुशासन और प्रेम एवं काम से जुड़े आचरण की शुचिता से बहुत ज़्यादा जोड़ दिया गया है। इसलिए उन्होंने इस शब्द की व्याख्या बदलते हुए कहा कि इसका वास्तविक अर्थ है 'अखंड एवं दृढ़ नज़रिया, जो कि छोटी-छोटी बातों से प्रभावित नहीं होता'।[11]

पेरियार ने विस्तार से समझाया कि यहाँ पर अखंड का अर्थ वास्तव में शुद्धता से जुड़ा हुआ है। इसका नैतिक या लैंगिक मायने में शरीर से जुड़ा हुआ आचरण संबंधी विशेष अर्थ नहीं है, बल्कि मनुष्य के मन से जुड़ा हुआ गुण है। इसी शुद्धता की ग़लत एवं लैंगिक अनुशासन से जुड़ी हुई धारणा को व्यक्त करने के लिए इंग्लिश में 'चेस्टिटी' शब्द का इस्तेमाल हुआ है। इस शब्द का अर्थ 'कुंवारेपन' या 'कौमार्य' से जोड़ा जाता है। पेरियार ने कहा कि सामान्य बातचीत में इसका अर्थ भी ग़लत नहीं लिया जाता है, लोग समझते हैं कि 'लैंगिक एवं काम संबंधों से पूरी तरह दूर होना ही चेस्टिटी या कौमार्य है' लेकिन यह धारणा पूरी तरह ग़लत है। वे कहते हैं कि यह अनुवाद न केवल ग़लत है बल्कि केवल स्त्रियों से जोड़कर देखा जाना और भी ज़्यादा ग़लत है।[12]

स्त्रियों की ज़िम्मेदारी का सवाल

पेरियार स्त्रियों के मुद्दों को संपूर्णता में देखते थे। वे स्त्रियों की बुरी स्थिति के लिए केवल पुरुषों या ईश्वर या पितृसत्ता को ही ज़िम्मेदार नहीं मानते थे बल्कि स्वयं स्त्रियों की भूमिका को भी उस से जोड़कर देखते थे। पेरियार का कहना था कि जिस तरह ब्राह्मणवाद के धार्मिक अंधविश्वासों एवं पाखंड के प्रभाव में करोड़ों लोगों ने अपने आप को अछूत मान लिया है, उसी तरह स्त्रियों ने भी अपने आप को कमज़ोर और असहाय मान लिया है। यह केवल और केवल मानसिक गुलामी और मान्यता की बात है, अगर स्त्रियाँ इस सोच से बाहर निकल सकें तो अभी न केवल अपना शोषण होने से रोक सकती हैं बल्कि अपने व्यक्तित्व का संपूर्ण विकास भी हासिल कर सकती हैं।[13] अगर स्त्रियों को वास्तव में आज़ादी

हासिल करनी है तो उन्हें सतीत्व, कौमार्य, ब्रह्मचर्य ऊँच-नीच और पवित्र अपवित्र जैसे शब्दों में छुपे हुए ब्राह्मणवादी षड्यंत्र को पहचानना होगा।

विवाह और कर्मकांडों के बारे में विचार

स्त्री पुरुष संबंधों एवं विवाह के बारे में रामास्वामी पेरियार के अपने विशिष्ट विचार हैं। पेरियार के इन विचारों को समझाते हुए इंग्लिश में एक छोटी-सी पुस्तिका प्रकाशित हुई थी जिसका नाम था *द बेनिफिट ऑफ़ हेल्प मेट*। इसमें उनके विवाह संबंधी विचारों पर काफ़ी अच्छे ढंग से प्रकाश डाला गया है। पेरियार लिखते हैं कि आजकल विवाह क्या है? हम किसी परंपरा से बँधे हुए नहीं हैं। विवाह एक समझौता है। जब तक कि ज्ञान, प्रेम, बराबरी, पसंद और अनुभव इस विवाह में शामिल न हों तब तक इसे अच्छा नहीं कहा जा सकता। विवाह जीवन को बेहतर ढंग से जीने के लिए होता है। ऐसे विवाह में पुरानी आर्य संस्कृति से जुड़े हुए पाखंड का कोई स्थान नहीं है। सोवियत रूस में विवाह स्वतंत्र हो चुका है और उसमें किसी तरह का आर्थिक लेन-देन नहीं होता है।[14]

अपने भाषणों और लेखों में पेरियार लगातार कहते थे कि भारत के हिन्दू समाज में विवाह एक ऐसा सम्बन्ध है जिसमें बहुत दुख है और जिसकी वजह से जीवन बर्बाद हो जाता है। अगर सही ढंग से देखा जाए तो विवाह का सिर्फ़ एक छोटा-सा मतलब है। विवाह के ज़रिए वयस्क स्त्री और पुरुष एक-दूसरे का ख़याल रखते हुए एक-दूसरे के साथ जीने का वादा करते हैं। ब्राह्मणों ने जिस धर्म का और शास्त्रों का निर्माण किया है उसमें उन्होंने वर्ण एवं जाति व्यवस्था को बनाए रखने के लिए स्त्रियों की लैंगिक आज़ादी को ख़त्म करने का इंतज़ाम किया है। इसी उद्देश्य से ब्राह्मणों ने विवाह और उससे जुड़े अंधविश्वासों का आविष्कार किया था।[15] इसलिए पेरियार ज़ोर देकर कहते थे कि जब तक ब्राह्मणवादी एवं हिन्दूवादी तरीक़े का विवाह ख़त्म नहीं होता, तब तक भारत की स्त्रियों की मुक्ति नहीं हो सकती।

कन्यादान पर पेरियार के विचार

पेरियार विवाह से जुड़े हुए कुछ शब्दों से बहुत नफ़रत करते थे। उदाहरण के लिए 'कन्यादान', 'विवाह में वधू को देना या समर्पित करना' इत्यादि शब्दों की व्याख्या करते हुए वे कहते थे कि यह असल में स्त्री को वस्तु की तरह एक से दूसरे पुरुष को सौंपने की बात है। इस तरह एक स्त्री को सिर्फ़ एक कुर्सी-टेबल

की तरह सामान समझा जाता है और एक से दूसरे हाथ में सौंपा जाता है। यह न केवल स्त्री के व्यक्तित्व और उसकी गरिमा के खिलाफ़ है बल्कि यह पूरी तरह अनैतिक एवं बर्बर व्यवहार भी है। एक शब्द से समाज में स्त्री को एक पुरुष द्वारा दूसरे पुरुष को दान नहीं दिया जा सकता, इसीलिए कन्यादान जैसे शब्दों को जल्द-से-जल्द समाज से निकाल देना चाहिए। ऐसे शब्दों की बजाय वे नए शब्दों की बात करते थे। उन्होंने तमिल भाषा में नए शब्द की रचना की थी इसका इंग्लिश में अनुवाद किया गया 'हेल्प-मेट इन लाइफ़'।[16] इस प्रकार वे पति-पत्नी को एक सुखी जीवन जीने के लिए एक-दूसरे का सहयोगी और मित्र बनाकर पेश करते थे।

परिवार नियोजन पर विचार

पेरियार अपने समय से बहुत आगे के जीवन और समाज के बारे में सोचा करते थे। उनके समकालीन अन्य विचारकों एवं सामाजिक सुधारकों में परिवार नियोजन और जनसंख्या नियंत्रण के बारे में बात करने वाले बहुत ही कम लोग नज़र आते हैं। इसका एक विशेष कारण है कि अन्य अधिकांश समकालीन विचारक एवं सामाजिक सुधारक हिन्दू धर्म और ब्राह्मणवाद के पाखंड में डूबे हुए थे। वे मनुष्य-से-मनुष्य के प्रेम एवं स्त्री-पुरुष की बराबरी की बात तो करते थे लेकिन विवाह और बच्चों के जन्म के सम्बन्ध में वे ईश्वरीय आज्ञा का पालन करने की सलाह दिया करते थे। ऐसे अधिकांश लोग मानते थे कि बच्चे ईश्वर की देन हैं, और उनके पैदा होने या न होने में मनुष्य को हस्तक्षेप नहीं करना चाहिए। लेकिन विद्रोही प्रवृत्ति के पेरियार अपने ही ढंग से सोचा करते थे। वे कहते थे कि स्त्री-पुरुष मिलकर कब बच्चा पैदा करना चाहते हैं ईश्वर तय नहीं करता है। वे कहा करते थे कि बच्चा पैदा करने के विषय में स्त्रियों को निर्णय लेने का पूरा अधिकार होना चाहिए, उन्हें अपने मन और शरीर पर पूरा नियंत्रण और अधिकार होना चाहिए।[17]

पेरियार कहा करते थे कि पूरी दुनिया में ईश्वरवादी धर्मों ने स्त्रियों को सिर्फ़ बच्चे पैदा करने की मशीन बना रखा है। ये सभी धर्म और इनके पाखंडी शास्त्र स्त्रियों को अपनी अगली पीढ़ी के अनुयायी, ग़ुलाम और मज़दूर पैदा करने की मशीन समझते हैं। इतने बच्चे पैदा करने पर स्त्री का नियंत्रण नहीं होने के कारण न केवल स्त्रियों का व्यक्तित्व कमज़ोर होता है बल्कि, पाखंडी धर्म और

उससे जुड़े शास्त्र सहित ईश्वर भी मज़बूत होते जाते हैं। इसीलिए वह परिवार नियोजन के पक्ष में थे और चाहते थे कि दुनिया की सभी स्त्रियाँ सिर्फ़ बच्चे पैदा करने में ही अपने जीवन की पूर्णता न देखें। बच्चे पैदा करने और उनका लालन-पालन करने तक सीमित रहने के कारण स्त्रियाँ दुनिया भर में ईश्वर और धर्म की ग़ुलाम हो गई हैं। इस सम्बन्ध में पेरियार का स्पष्ट कहना था कि न केवल परिवार नियोजन के साधनों का इस्तेमाल करना चाहिए बल्कि आवश्यकता होने पर 'टेस्ट ट्यूब बेबी' की तकनीक का इस्तेमाल करते हुए स्त्री को मुक्त करने के नए उपाय पर अमल होना चाहिए।[18]

देवदासी प्रथा पर विचार

पेरियार देवदासी और वेश्यावृत्ति की प्रथा के सख्त खिलाफ़ थे, और वे इन प्रथाओं का अंत करने के लिए सबसे पहले ब्राह्मणवाद को उखाड़ फेंकने पर ज़ोर दिया करते थे। इस विषय में उन्होंने अपने भाषणों में बहुत सारे तर्क दिए हैं एवं अपने लेखन में बार-बार इन प्रथाओं के स्त्रियों के जीवन की गरिमा पर पड़ने वाले दुष्प्रभाव पर रोशनी डाली है।[19] वह कहते थे कि भारत के मध्यकालीन इतिहास में ब्राह्मणवादी धर्म ने लोगों के मनोविज्ञान पर इतना बुरा प्रभाव डाला कि वे विवेक बुद्धि का प्रयोग और उचित-अनुचित सहित नैतिक-अनैतिक का भेद करना भी भूल गए थे। स्थिति इतनी विकट हो गई थी कि धर्म और ईश्वर में आस्था रखने वाले माता-पिता स्वयं अपनी नाबालिग बेटियों को ब्राह्मणों के मन्दिर में देवदासी बनाने के लिए छोड़ आते थे। इन मन्दिरों में धार्मिक कर्मकांड एवं पूजा के नाम पर ब्राह्मण पुजारी एवं नगर के और सारे प्रभावशाली लोग इन असहाय बालिकाओं का शारीरिक शोषण करते थे। ''विशेष रूप से जब कोई प्राकृतिक आपदा होती थी, अतिवृष्टि, अनावृष्टि या अकाल जैसी स्थितियों में जब हम लोग ग़रीब हो जाते थे तब इस तरह के पाखंड में बहुत ज़्यादा बढ़ोत्तरी हो जाया करती थी।''[20]

दक्षिण भारत का मध्यकालीन इतिहास इस तरह की शर्मिंदा करने वाली कहानियों से भरा पड़ा है। यह देखकर आश्चर्य होता है कि कैसे इतनी बड़ी जनसंख्या में द्रविड़ एवं दलित ही नहीं बल्कि पिछड़ी समझे जाने वाली गैर ब्राह्मण जातियाँ भी इस पाखंडी व्यवस्था में अपनी बेटियों के सम्मान की बलि चढ़ाती रहती थीं। इसका एक आर्थिक कारण भी था। ब्राह्मणवादी पाखंड के कारण समाज के अधिकांश लोग न तो शिक्षा हासिल कर सकते थे, और न ही

किसी प्रकार की आर्थिक गतिविधि में भाग ले सकते थे। इसके अलावा ''जाति एवं वर्ण के आधार पर होने वाले भेदभाव के कारण बड़ी संख्या में लोग खेती की ज़मीन एवं उत्पादक गतिविधियों से वंचित हो गए थे, इस कारण समाज में फैली हुई ग़रीबी उन्हें मजबूर कर देती थी कि वे अपने बच्चों को मन्दिर के भरोसे छोड़ कर चिंता से मुक्त हो जाएँ।''[21]

इस समय धार्मिक अंधविश्वास का आलम यह था कि जिन परिवारों में कई सालों तक कोई संतान नहीं होती थी वे अपनी पहली बेटी को मन्दिर को सौंप दिया करते थे। इन परिवारों में लोगों में जीवन के प्रति उसके कर्मकांडों के प्रति तार्किक दृष्टिकोण का सर्वथा अभाव था। इसलिए वे इस प्रकार के मूर्खतापूर्ण अंधविश्वासों में आसानी से फँस जाया करते थे। पेरियार एवं अन्य समान आंदोलन के नेताओं ने इसके विरोध में खूब आवाज़ उठाई। आंदोलनपूर्वक जनजागरण करने का परिणाम निकला और दक्षिण भारत में इस अमानवीय जाति प्रथा को ख़त्म करने के लिए माहौल बन गया। अंत में 1947 में 'मद्रास देवदासी प्रीवेंशन एंड डेडीकेशन एक्ट' बना जिसके ज़रिए इस प्रथा को ग़ैरक़ानूनी घोषित कर दिया गया।

वेश्यावृत्ति पर विचार

पेरियार मानते थे कि वेश्यावृत्ति स्त्रियों के शोषण का सबसे घिनौना उपकरण है जिसे किसी भी सभ्य समाज में बिलकुल स्वीकार नहीं किया जाना चाहिए। यह प्रथा और इससे जुड़ा दुर्व्यवहार ईश्वर एवं पितृसत्ता से कितनी गहराई से जुड़ा हुआ है इसे समझाने के लिए वह एक उदाहरण दिया करते थे—वेश्यावृत्ति की घटनाओं में जब भी कोई ख़बर बनती है तब अनिवार्य रूप से स्त्री को ही दोष दिया जाता है ऐसे मामलों में पुरुषों को न तो अपमान झेलना पड़ता है ना कोई सज़ा होती है। इससे साफ़ पता चलता है कि इस समस्या की वास्तविक जड़ कहाँ है। अगर समाज पर हावी पितृसत्ता कमज़ोर होती है एवं इनको अपने मन और शरीर पर पूरा अधिकार मिलता है तभी इस समस्या को जड़ से उखाड़ा जा सकता है। पेरियार का कहना था कि वेश्यावृत्ति शब्द स्त्री और पुरुष के काम संबंधों के विषय में तब इस्तेमाल होता है जब कोई स्त्री एक से अधिक पुरुषों के साथ सहवास करती है, या फिर अपने पति के अलावा किसी पुरुष से सहवास करती है। हालाँकि इस कृत्य में स्त्री और पुरुष दोनों बराबर से शामिल होते हैं लेकिन इसके बावजूद सिर्फ़ स्त्री को दोष दिया जाता है। अन्य स्थितियों में जब

समाज के ताक़तवर एवं दबंग लोग एक से अधिक पत्नियाँ रखते हैं या 'रखैल' रखते हैं तब इसे उनके सम्मान और रुतबे से जोड़कर देखा जाता है। तब कोई नहीं कहता कि यह पुरुष वेश्या है, लैंगिक दुराचारी है या फिर अनैतिक है। ऐसी स्थिति में उसके लिए कोई भी वेश्यावृत्ति शब्द का इस्तेमाल नहीं करता है। यह शब्द सिर्फ़ स्त्रियों के लिए इस्तेमाल किया जाता है। पुरुषों द्वारा ही नहीं बल्कि स्त्रियों द्वारा भी यह शब्द केवल स्त्रियों के खिलाफ़ ही इस्तेमाल किया जाता है। इस उदाहरण से साफ़ पता चलता है कि स्त्रियाँ ख़ुद भी ब्राह्मणवादी धर्म एवं ईश्वर के जाल में फँसकर दूसरी स्त्रियों के खिलाफ़ हो चुकी हैं।

पेरियार ने कई बार स्पष्ट किया है कि वेश्यावृत्ति शब्द का इस्तेमाल न्याय या क़ानून के लिए नहीं किया जाता है बल्कि इसका आविष्कार वास्तव में स्त्री को ग़ुलाम बनाने और उसकी नैतिक ताक़त को तोड़ने के लिए किया गया है। इस शब्द के इस्तेमाल के द्वारा स्त्रियों पर आरोप लगाए जाते हैं। इसके बाद एक असहाय स्त्री पुरुष सत्तावादी समाज में किसी की सहानुभूति की पात्र नहीं रह जाती। ग़ौर से देखा जाए तो यह स्त्री को कमज़ोर बनाकर ग़ुलाम बनाने की सबसे कारगर रणनीति है। पेरियार मानते थे कि एक सभ्य समाज में सतीत्व, कौमार्य और वेश्यावृत्ति जैसे शब्द होने ही नहीं चाहिए। ये शब्द न केवल स्त्रियों के खिलाफ़ हैं बल्कि पूरी मनुष्यता की नैतिकता के खिलाफ़ हैं। इस तरह के शब्द एवं धारणा समाज के ताक़तवर लोगों द्वारा दीनों एवं कमज़ोर लोगों का शोषण करने के लिए बनाए गए हैं। क्योंकि ये शब्द एवं धारणा धर्म से जोड़ दी गई है इसलिए सामान्य लोग एवं पीड़ित स्त्री भी इन सब का विरोध नहीं कर पाती है। वह कहा करते थे कि एक सभ्य और नैतिक दुनिया में इस तरह के शब्दों और धारणाओं का कोई स्थान नहीं होगा।

स्त्रियों के संपत्ति के अधिकार पर विचार

पेरियार मानते थे कि स्त्रियों को न केवल शिक्षा व रोज़गार के अवसर मिलने चाहिए बल्कि क़ानून एवं संविधान द्वारा संपत्ति का अधिकार भी मिलना चाहिए। यह संपत्ति का अधिकार न केवल उनका अपनी कमाई गई संपत्ति पर होना चाहिए, बल्कि उत्तराधिकार क़ानूनों एवं पारिवारिक क़ानूनों के ज़रिए भी इन्हें सुनिश्चित किया जाना चाहिए। स्त्री और संपत्ति के प्रश्न पर हिन्दू धर्म का मज़ाक उड़ाते हुए वे कहते थे कि हिन्दुओं की सारी देवियाँ सोना, चाँदी और हीरे, मोती से लदी हुई बैठी रहती हैं, लेकिन वास्तव में हिन्दू समाज की स्त्री आर्थिक रूप से पूरी

तरह कमज़ोर और दूसरों पर निर्भर होती है। वह कहा करते थे कि दुनिया भर के सभी धार्मिक ग्रंथ पुरुषों ने लिखे हैं इसीलिए उन्होंने संपत्ति के अधिकार के बारे में स्त्रियों को कमज़ोर बनाया है। वह कार्ल मार्क्स द्वारा सुझाए गए भौतिकवादी विश्लेषण के आधार पर कहा करते थे कि इतिहास की लंबी यात्रा में पुरुषों ने यह सीख लिया है कि स्त्रियों को ग़ुलाम बनाने का सबसे अच्छा तरीक़ा है उसे आर्थिक रूप से ग़ुलाम बनाया जाए। आर्थिक ग़ुलामी अपने आप में इतनी बड़ी घटना है कि उसके बाद स्त्री या पुरुष का मस्तिष्क किसी भी मुक्तिकामी योजना की कल्पना करने में असमर्थ होने लगता है। ऐसे ही असमर्थ स्त्री-पुरुषों के जमघट को मज़दूरों का नाम देकर समाज के प्रभुत्वशाली लोग लगातार उनका शोषण करते रहते हैं।

पेरियार का अपने परिवार से बढ़ता विरोध

स्त्री अधिकारों के मुद्दे पर पेरियार के ये विचार उनके धार्मिक माता-पिता के विचारों से काफ़ी अलग थे। इसलिए बहुत जल्दी उनके घर में उनका माता-पिता से मनमुटाव शुरू हो गया। घर में तनाव बढ़ता गया लेकिन पेरियार अपने नैतिक सिद्धांतों पर अडिग रहे। उन्होंने समझौता करना कभी नहीं सीखा, वह हमेशा आर-पार के फ़ैसले की भाषा में सोचते थे और जो उचित होता था उसे करने के लिए अपनी जान लगा देते थे। स्त्रियों के मुद्दे पर अपने माता पिता को न मना पाने के कारण वह अंदर से कुछ दुखी हुए और सन् 1904 में 25 साल की उम्र में उन्होंने घर छोड़ दिया।[22] इस समय तक पेरियार स्वयं भी ब्राह्मणवादी धर्म के चंगुल में फंसे हुए थे इसलिए उन्होंने बनारस जाकर तीर्थ यात्रा का निर्णय लिया। उस ज़माने में बनारस शहर की एक पवित्र तीर्थ के रूप में बड़ी महिमा थी, पेरियार यहाँ जाकर समय गुज़ारना चाहते थे। घर छोड़ने के बाद वह इस स्थान पर आए और 'लगभग एक साल बनारस में ही रहे'।[23]

नए ज्ञान की तलाश

इसी दौर में 1905 से 1906 के दौरान उन्होंने अपने इलाक़े में प्रचलित तमिल विद्वानों के साहित्य का अध्ययन किया। परंपरागत वैष्णव धर्म और ब्राह्मणवाद की मनुष्यता विरोधी अंधविश्वासी परंपराओं से बाहर जाते हुए उन्होंने वास्तविक और मनुष्य के हित में रचे गए ज्ञान का स्वाद चखना शुरू किया। इस समय उन्होंने महान बौद्ध विद्वान पंडितमणि आयोथीथास, इरट्टीमलाई श्रीनिवास, करूर के मारुथईया पिल्लई, कुथूसी गुरुस्वामी और संत कैवल्यम इत्यादि का साहित्य पढ़ना शुरू किया। इन विचारों के साथ वे एक नए और बेहद क्रांतिकारी अवतार में हमारे सामने आते हैं। इसके बाद वे बहुत ही निर्णायक और आक्रामक ढंग से अपने घर से ही स्त्रियों की आज़ादी की अपनी ख़ास कोशिशों की शुरुआत करते हैं। ये काम इतने क्रांतिकारी और दूरगामी परिणाम देने वाले होते हैं कि उनकी प्रासंगिकता अभी तक बनी हुई है। आज हम जिस पेरियार को सम्मान देते हैं उस पेरियार का जन्म इसी बिन्दु के बाद होता है और पूरी दुनिया में उनकी कीर्ति फैलने लगती है। उदाहरण के लिए विधवा स्त्रियों को दोबारा शादी करने का अधिकार दिलाने के अलावा उन्होंने सही अर्थों में स्त्री सशक्तिकरण के लिए शिक्षा को भी खूब बढ़ावा दिया। यह हम उनके जीवन भर के संघर्ष में एक सतत् बहती धारा के रूप में देख सकते हैं। इसीलिए उन्हें 'फादर ऑफ़ एजुकेशन' भी कहा गया है।[1]

नेरूनचीपेट्टइ की अपमानजनक घटना

विवाह के तुरंत बाद समाज, धर्म और धार्मिक अंधविश्वासों के प्रति वे तेज़ी से सोचने लगे। ठीक इसी समय उनके व्यक्तिगत और पारिवारिक जीवन में बहुत सारी घटनाएँ एक साथ घट रही थीं। इन्हीं घटनाओं के आधार पर वे अपनी विचारधारा का निर्माण कर रहे थे। उनके विवाह के कुछ सालों बाद 1902 में उनके जीवन में एक ऐसी घटना घटी जिसने उनकी विचारधारा को एक नया

मोड़ देना शुरू कर दिया। सामान्यत: इस घटना का ज़िक्र बहुत ही कम किया जाता है और हिन्दी पट्टी में इसके बारे में लोगों को ज़्यादा जानकारी नहीं है। इस घटना ने उन्हें अपनी और अपने परिवार की सामाजिक और धार्मिक हैसियत के बारे में गंभीरता से सोचने को मजबूर कर दिया था।

सन् 1902 की यह घटना इरोड शहर के पास नेरूनचीपेट्टइ नाम के गाँव में घटी। यहाँ पर एक धार्मिक कार्यक्रम में भाग लेने के लिए एक हिन्दू ब्राह्मण साधु आए हुए थे। इस कार्यक्रम का आयोजन और प्रबंधन स्थानीय 'एलाईयार' इलाक़े के परिवारों ने मिलजुलकर किया था। इस हिन्दू साधु का एक भाई भी उनके साथ इस कार्यक्रम में आया हुआ था जो कि अपराधी प्रवृत्ति का था। इस कार्यक्रम के समय इस भाई के खिलाफ़ एक अरेस्ट वारंट जारी हो चुका था। कार्यक्रम के दौरान पेरियार ने उसे धर-दबोचने के लिए योजना बनाई। जब पेरियार उसे पकड़ने पहुँचे तब वह व्यक्ति ब्राह्मणों के साथ बैठकर भोजन कर रहा था। पेरियार जैसे ही वहाँ पर दाखिल हुए वहाँ उपस्थित ब्राह्मणों ने उनकी तरफ़ नफ़रत से देखा और सभी ब्राह्मण भोजन छोड़कर अचानक उठ खड़े हुए।[2] इन ब्राह्मणों ने पेरियार के पिता जी से इस बात की शिकायत की कि तुम्हारे बेटे ने हमारा भोजन और धर्म भ्रष्ट कर दिया। पेरियार के पिता एक पक्के वैष्णव थे, और वे ब्राह्मणों का बहुत सम्मान करते थे। नाराज़ ब्राह्मणों को मालूम था कि वेंकट नायकर अपने बेटे पेरियार को ज़रूर सबक सिखाएँगे। पेरियार के पिता जी को यह बात पता चली तो बहुत नाराज़ हुए और उन्होंने चप्पलों से पेरियार की पिटाई की।[3]

इस घटना ने युवा पेरियार के दिल पर बहुत गहरी चोट पहुँचाई। यह अपने आप में एक निर्णायक क्षण था। इस घटना ने पेरियार के मन में कई सवाल उठा दिए। वे बार-बार सोचते रहे कि एक धनी और सम्पन्न परिवार को भी ब्राह्मणों के ढकोसलों के आगे झुकना पड़ता है। इसका कारण खोजते हुए वे अंत में ब्राह्मणवादी धर्म, वर्ण व्यवस्था और ईश्वर से जुड़े अंधविश्वासों को समझने की कोशिश करने लगे। इस घटना की चोट उनके मन पर इतनी गहरी थी कि अपने बाद के वर्षों में उन्होंने सभी लोगों के एक साथ बैठकर भोजन करने की वकालत की, ताकि किसी तरह का कोई भेदभाव लोगों के बीच में न रहे। इन्हीं कोशिशों के कारण बाद के वर्षों में तमिलनाडु में एक साथ भोजन करने की परंपरा शुरू हुई, इसी कोशिश का विस्तार हम बहुत बाद में 'अम्मा कैंटीन' या 'अम्मा किचन' के रूप में भी देखते हैं। यह अम्मा कैंटीन या अम्मा किचन अपने बहुत सस्ते एवं पौष्टिक भोजन के लिए पूरे भारत में एक मिसाल बन गई

जिसके व्यापक सामाजिक और राजनीतिक परिणाम भी हुए थे।[4]

काशी भ्रमण और हिन्दू धर्म से मोहभंग

वर्ष 1904 में 25 साल की उम्र में पेरियार ने घर छोड़ने के बाद कुछ समय बेजवाड़ा और कोलकाता में गुज़ारा। बचपन से ही उनका रुझान लोगों से बातें करने और समाज के बारे में सीखने की तरफ़ था। बेजवाड़ा और कोलकाता के बाद वे वाराणसी अर्थात् काशी पहुँचे और वहाँ के धार्मिक जीवन को क़रीब से देखने की कोशिश करने लगे। वहाँ पर उन्हें ब्राह्मणों और पुजारियों के अनैतिक व्यवहार और धर्म के नाम पर चल रही ठगी को देख कर बहुत झटका लगा।[5] इन सभी ब्राह्मणों को बहुत पवित्र और नैतिक माना जाता था लेकिन धर्म के नाम पर हो रही लूटपाट को देखकर पेरियार का मन खिन्न हो उठा। पेरियार बनारस में जहाँ रुके थे वहीं उनके साथ वेंकटरमन अय्यर और गणपति अय्यर नाम के दो ब्राह्मण संन्यासी भी रुके हुए थे। ये दोनों तंजावुर और कोयंबटूर से आए हुए थे। ये दोनों ब्राह्मण संस्कृत भाषा के विद्वान थे और अपनी बातचीत में संस्कृत ग्रंथों के बारे में चर्चाएँ किया करते थे। पेरियार इनके साथ बैठकर इनकी चर्चाएँ सुनते थे और अपने बचपन में विकसित की हुई शैली के अनुसार इनकी पुराणों और शास्त्रों की कथाओं का मज़ाक उड़ाते थे। वे दोनों ब्राह्मण संस्कृत विद्वान थे और संस्कृत भाषा में तर्क-वितर्क करते थे, पेरियार तेलुगु, कन्नड़ और तमिल भाषा के जनमानस में प्रचलित कहावतों व मुहावरों का उल्लेख करते हुए उनकी बातों को काट देते थे। इस समय पेरियार को सुनने के लिए वहाँ पर कई लोग इकट्ठे हो जाया करते थे।

धर्म एवं धार्मिक सम्मोहन पर उनका मानना था कि भारत के मूलनिवासी द्रविड़ एवं शूद्र लोगों को ग़ुलाम बनाकर उनका शोषण करने के लिए ही ब्राह्मणों ने धर्म और ईश्वर का निर्माण किया है।[6] हालाँकि वह सभी धर्मों के खिलाफ़ थे लेकिन सभी धर्म स्थानों पर सभी लोगों के प्रवेश करने की आज़ादी के समर्थक थे। इसीलिए वे धर्म और ईश्वर को अज्ञान और भय की संतान मानते थे, जहाँ भी धर्म होगा वहाँ पर स्वतंत्र चेतना और व्यक्तित्व की आज़ादी की कोई संभावना नहीं है। भारत के समाज में फैली हुई दर्दनाक एवं अमानवीय परंपराओं-जैसे कि सती प्रथा, बहुविवाह प्रथा, बाल विवाह, छुआछूत, स्त्रियों की ग़ुलामी, बंधुआ मज़दूरी, जाति व्यवस्था को वे हिन्दू धर्म और हिन्दू ईश्वर की धारणा का स्वाभाविक परिणाम मानते थे।

काशी हादसा और जीवन को मिली नई दिशा

काशी में जब पेरियार प्रसिद्ध मन्दिर देखने गए तो मन्दिर के ठीक पास कुछ धार्मिक समारोह चल रहा था। उन्होंने देखा कि कुछ लोग नि:शुल्क भोजन कर रहे हैं। उस मन्दिर के ब्राह्मण मेहमानों और आगंतुकों को दान दक्षिणा और भोजन दिया जा रहा है। इस समय पेरियार को बहुत भूख लग रही थी। उन्होंने उस परिसर में प्रवेश करने का प्रयास किया जहाँ ये ब्राह्मण लोग खाना खा रहे थे। इस समय पेरियार भी धार्मिक व्यक्ति थे और उन्होंने अपने सीने पर पवित्र धागा (जनेऊ) पहन रखा था। लेकिन दक्षिण भारतीय होने के नाते उनके चेहरे पर मूँछें थीं, इसलिए द्वारपाल ने सोचा कि यह आदमी ब्राह्मण नहीं है और उन्हें ब्राह्मणों के भोजन के स्थान पर घुसने से मना कर दिया। द्वारपाल ने उन्हें धक्के मारकर पास की गली में फेंक दिया। इस समय वह बहुत ही कमज़ोर और भूखे थे, इतने भूखे थे कि उन्हें उसी गली में सड़क किनारे फेंके हुए भोजन से अपनी भूख मिटानी पड़ी। सड़क किनारे कचरे में भोजन चुनते हुए उन्होंने आस-पास देखा, उनके आस-पास आवारा कुत्ते टहल रहे थे और उसी कचरे में भोजन कर रहे थे।

यह एक भयानक अनुभव था, वह भीतर से बहुत क्रोधित और अपमानित महसूस कर रहे थे। ठीक इसी समय उन्होंने नज़र उठाकर सामने की दीवार पर देखा। उनकी नज़र इस धर्मशाला पर लगे एक सूचना पट्ट पर पड़ी। इसमें लिखा हुआ था कि इस धर्मशाला का निर्माण एक धनी दक्षिण भारतीय ग़ैर ब्राह्मण व्यापारी के दान से हुआ है।[7] पेरियार यह पढ़कर चौंके और उन्हें और ज्यादा गुस्सा आया। उन्होंने सोचा कि यदि ये ब्राह्मण दक्षिण भारत के किसी ग़ैर ब्राह्मण व्यक्ति के दान से बने भवन में बैठे हैं तो इसी भवन में मुझ जैसे दक्षिण भारतीय को घुसने से क्यों रोक रहे हैं? वहाँ के ब्राह्मणों के इस व्यवहार से वे काफ़ी निराश हुए। वे वहीं बैठे-बैठे इस हिन्दू धर्म और इसमें अपनी हैसियत के बारे में सोचने लगे। उनके लिए यह भारतीय समाज में जाति और वर्ण पर आधारित भेदभाव की एक ज़िंदा मिसाल थी। पेरियार इस अनुभव से पूरी तरह हैरान और दुखी थे। उन्होंने सोचा कि अगर में भगवान में आस्था रखता हूँ और अगर ये सभी ब्राह्मण भी उसी भगवान की पूजा कर रहे हैं तो वे मुझे इस तरह सड़क पर कैसे फेंक सकते हैं?

ईश्वर का विरोध और नास्तिकता का जन्म

इस अपमानजनक घटना के बाद तार्किक बुद्धि से विचार करते हुए वे इस निष्कर्ष पर पहुँचे कि यह कोई सामान्य व्यवहार नहीं है बल्कि किसी बड़े परंपरागत

षड्यंत्र का हिस्सा है। इसके बाद उन्होंने ब्राह्मणों के धर्म और ईश्वर के बारे में गंभीरता से विचार किया। उनकी विचार प्रक्रिया जीवन भर जारी रही और इस भयानक अपमानजनक घटना के बाद उन्होंने कभी भी ब्राह्मणों के धर्म को और उनके ईश्वर को सम्मान नहीं दिया। बाद के वर्षों में पेरियार पूरी तरह नास्तिक बन गए और वह कहा करते थे कि कहीं कोई ईश्वर नहीं होता है और न यह दुनिया किसी ईश्वर ने बनाई है। उनका एक प्रसिद्ध कथन है कि ''कोई ईश्वर भगवान नहीं है, कोई ईश्वर नहीं है, और वहाँ कोई ईश्वर बिलकुल नहीं है। जिसने भी ईश्वर का आविष्कार किया वह मूर्ख है। जो कोई ईश्वर का प्रचार करता है, वह धूर्त है। जो कोई ईश्वर की पूजा करता है वह एक बर्बर इंसान है।''[8] इस तरह पेरियार अपने साथ हिन्दुओं द्वारा किए गए भयानक अपमान और भेदभाव से एक बड़ी शिक्षा लेकर अपने जीवन में वापस लौट आए। वे अपने घर आकर अपने पिता के व्यवसाय में हाथ बटाने लगे लेकिन उनके दिल में जो काँटा चुभ गया था वह बराबर परेशान करता।

हिन्दू धर्म पर विचार

पेरियार मानते थे कि हिन्दू धर्म असल में द्रविड़ों के ऊपर आर्यों द्वारा थोपा गया एक नया और अंधविश्वास पूर्ण एवं पाखंडी धर्म है। इसीलिए वे द्रविड़ों के सामाजिक, राजनीतिक और आर्थिक उत्थान के लिए प्राचीन द्रविड़ धर्म का पुनरुत्थान करना चाहते थे। उनका मानना था कि प्राचीन द्रविड़ समाज में वर्णाश्रम, जाति का आधिपत्य और छुआछूत जैसी ब्राह्मणवादी व्यवस्था बिलकुल नहीं थी। बाद में जब उत्तर भारत की तरफ़ से ब्राह्मणों की धार्मिक परंपरा एवं कर्मकांडों की बीमारी दक्षिण भारत की तरफ़ फैली तब दक्षिण भारत में भी धीरे-धीरे जाति व्यवस्था और छुआछूत फैल गयी।[9] पेरियार का मानना है कि प्राचीन द्रविड़ समाज में जो धर्म फैला हुआ था वह बौद्ध धर्म, ईसाइयत, इस्लाम और आर्यों के ब्राह्मण धर्म या हिन्दू धर्म से भी बहुत पुराना था। आर्यों के हिन्दू या ब्राह्मण धर्म से उनका विरोध जगज़ाहिर था। वे जब भी भारत के प्राचीन धर्मों की बात करते थे तो उसमें भी बौद्ध धर्म का पक्ष लिया करते थे।

बौद्ध धर्म पर विचार

पेरियार के नज़रिये में बौद्ध धर्म एवं जैन धर्म भारत के प्राचीन और मूल धर्म हैं जिनका सम्बन्ध भारत के प्राचीन द्रविड़ धर्म एवं परंपराओं से है। पिछले कई दशकों में भारत के दक्षिणी राज्यों में बौद्ध एवं जैन धर्म के बारे में जो पुरातत्व

की खोजें हुई हैं उनसे पेरियार की धारणा को और बल मिलता है। पेरियार मानते थे कि धर्म की उत्पत्ति पाषाण कालीन बर्बर अवस्था में हुई है जबकि मनुष्य हर बात से डरता था। डर के मारे आसमान में किसी काल्पनिक माता-पिता को खोजा करता था। इसीलिए वे धर्म और ईश्वर को अज्ञान और भय की संतान मानते थे, जहाँ भी धर्म होगा वहाँ पर स्वतंत्र चेतना और व्यक्तित्व की आज़ादी की कोई संभावना नहीं है। भारत के समाज में फैली हुई दर्दनाक परंपराओं जैसे कि सती प्रथा, बहुविवाह प्रथा, बाल विवाह, छुआछूत, स्त्रियों की ग़ुलामी, बंधुआ मज़दूरी, जाति व्यवस्था को वे हिन्दू धर्म और हिन्दू ईश्वर की धारणा का स्वाभाविक परिणाम मानते थे।[10]

पेरियार कहते थे कि बौद्ध धर्म भारत का एकमात्र ऐसा धर्म है जिसमें कि ईश्वर नहीं होता, आत्मा नहीं होती और यह पूरी तरह तार्किक और वैज्ञानिक धारणा पर आधारित है। बौद्ध धर्म के मूल सिद्धांतों के प्रति उनके मन में बहुत सम्मान था, वे भी डॉ. अंबेडकर की तरह बौद्ध धर्म को एक वैज्ञानिक एवं तार्किक धर्म मानते थे।[11] लेकिन बर्मा (म्यांमार) के रंगून शहर में हुई एक बौद्ध कॉन्फ्रेंस के दौरान उन्होंने बौद्ध भिक्षुओं के आलसी एवं निकम्मे जीवन सहित उनके भयानक कर्मकांडों को क़रीब से देखा। यह सब देख कर उन्हें बड़ा झटका लगा और इस रंगून कॉन्फ्रेंस के बाद उन्होंने बौद्ध धर्म को भी अन्य अंधविश्वासी धर्मों की तरह देखना शुरू कर दिया। इस कॉन्फ्रेंस के बाद उन्होंने बौद्ध धर्म ग्रहण करने का विचार त्याग दिया।[12] उत्तर के क्रांतिकारी विद्वान राहुल सांकृत्यायन भी चीन में एक ऐसे ही बौद्ध सम्मेलन के बाद इससे निराश होकर नास्तिकता तक पहुँचे थे। बौद्ध धर्म के अलावा पेरियार ने ईसाई धर्म के बारे में भी खुलकर लिखा और बोला है। ईसाई धर्म को मूर्ति पूजा एवं ईश्वर में अटूट विश्वास रखने की परंपरा के कारण वह ख़तरनाक धर्म मानते थे। वे बताया करते थे कि मूर्ति पूजा और उसी से जुड़े कर्मकांड सब तरह के अंधविश्वासों एवं इंसान से इंसान के भेदभाव का स्रोत हैं, जब तक मूर्ति पूजा एवं उससे जुड़े कर्मकांड ख़त्म नहीं होते मनुष्य से मनुष्य के बीच में प्रेम और भाईचारे का जन्म नहीं हो सकता।

इस्लाम पर विचार

अन्य धर्मों के बारे में उनके नज़रिये की बात करें तो वे सबसे अच्छ धर्म इस्लाम को मानते थे। इतना ही नहीं वे इस्लाम के सामाजिक भाईचारे और बराबरी के सिद्धांत से बहुत प्रभावित थे। इसीलिए उन्होंने डॉ. अंबेडकर को सलाह दी थी कि अगर सामाजिक न्याय के लिए धर्म परिवर्तन करना ही है तो इस्लाम को

चुनना ज़्यादा बेहतर है। पेरियार इस्लाम की बड़ी प्रशंसा करते थे क्योंकि इस्लाम के अंदर एकता, बराबरी और भाईचारा कूट-कूट कर भरा हुआ है। इस्लाम में न किसी प्रकार की मूर्ति है सो मूर्ति पूजा का कोई काम नहीं है और *कुरान* एवं *हदीस* के सिद्धांतों के अनुसार इसमें हिन्दू धर्म की तरह किसी भी तरह के भेदभाव या छुआछूत का कोई स्थान नहीं है। इसके बावजूद वह चाहते थे कि किसी भी देश में किसी भी तरह के धर्म का कोई स्थान नहीं होना चाहिए। पेरियार इस्लाम की प्रशंसा इस अर्थ में करते थे कि अगर किसी को पुराने जातिवादी एवं पाखंडी धर्म से मुक्त होने के लिए किसी नए धर्म की आवश्यकता है तो इस्लाम अपना लेना चाहिए।

हालाँकि अंतिम रूप से सभी धर्म फिर से उसी तरह के ईश्वर एवं उसके कर्मकांड में फंस जाते हैं। पेरियार की इस बात को हम भारत के इस्लाम एवं मुसलमानों में घटित होते हुए देख सकते हैं। *कुरान* एवं *हदीस* के सिद्धांतों में जाति व्यवस्था की कोई संभावना नहीं है, लेकिन भारत के मुसलमानों में जाति व्यवस्था बिलकुल साफ़ नज़र आती है।

सार्वजनिक जीवन की शुरुआत

सन् 1904 में पेरियार के बनारस से लौटने के बाद उनके पिता ने भी सोचा कि बेटे को बड़ी ज़िम्मेदारियाँ देनी चाहिए। पिता भी समझ चुके थे कि बेटा दुनिया देखकर कुछ अनुभव लेकर आया है इसलिए अब यह परिवार और व्यापार की ज़िम्मेदारी उठाएगा। उनका ऐसा सोचना सही साबित हुआ और युवा पेरियार ने अपने पुश्तैनी व्यापार में मन लगाना शुरू किया। वह लोगों से बहुत घुल-मिलकर बातें करते थे, और उनके मनोविज्ञान पर गहरी नज़र रखते थे इसका फ़ायदा उन्हें अपने व्यापार में मिलने लगा। वह बहुत आसानी से लोगों के मन की बात समझ लेते थे और अपनी व्यापारिक रणनीति बनाने में इस समझ का फ़ायदा उठाते थे। धीरे-धीरे आस-पास के व्यापारी उन्हें पसंद करने लगे और उन पर भरोसा करने लगे। इस प्रकार युवा पेरियार का व्यापार दिन दूना रात चौगुना बढ़ने लगा।

व्यापारी पेरियार के आचरण में समाजवाद

अपनी व्यवहारकुशलता से इस प्रकार व्यापार में तरक़्क़ी कर रहे पेरियार ने अपने व्यापारिक लाभ को स्वयं अपने तक सीमित नहीं रखा। वह जो भी कमा रहे थे उस कमाई को उन्होंने 49 हिस्सों में बाँटकर इस्तेमाल किया। इन 49 हिस्सों में से एक हिस्सा सामाजिक कार्य के लिए इस्तेमाल किया गया। बाक़ी के 48 हिस्सों के भी 16 हिस्से व्यापार में निवेश करने के लिए और 16 हिस्से अपने साझेदारों और कर्मचारियों को मासिक वेतन देने के लिए रखे गये थे।[1] यह कारोबार के लाभ के वितरण का पेरियार का अपना तरीक़ा था। अगर हम आज उस समय पर ग़ौर करें तो यह एक तरह की समाजवादी विचारधारा पर आधारित रणनीति थी, जिसमें कि व्यापार का मुनाफ़ा सभी मेहनतकशों में बाँटा जा रहा था।

इसी तरह अन्य व्यापारियों से मधुर सम्बन्ध बनाए रखते हुए उन्होंने अपने कर्मचारियों से भी बड़े अच्छे सम्बन्ध बनाए हुए थे। यह सब बहुत अच्छा चल

रहा था, और वे जब अपने कारोबारी जीवन में बड़ी-बड़ी उपलब्धियाँ हासिल कर रहे थे तभी 1911 में उनके पिताजी की मृत्यु हो गई। यह उनके लिए बहुत बड़ा सदमा था। अब पिताजी के द्वारा छोड़ा हुआ व्यापार और उनके द्वारा कमाई हुई मान-प्रतिष्ठा की रक्षा करने की पूरी ज़िम्मेदारी पेरियार के ऊपर आन पड़ी थी।

बढ़ता व्यापार और नई ज़िम्मेदारियाँ

पेरियार ने अब तक के जीवन में अपने पिताजी से कारोबार से जुड़े बारीक़-से-बारीक़ गुर सीखते हुए काफ़ी समझ-बूझ हासिल कर ली थी। उनकी अपनी विशिष्ट शैली और चतुराई के कारण उनके पिताजी की मृत्यु के बाद भी उनका कारोबार उसी गति से आगे बढ़ने लगा। वे फिर से अपने व्यापार में तरक्की करते हुए आगे बढ़ने लगे। साथ ही पेरियार अपने आस-पास के जनजीवन में भी रुचि लेने लगे और आस-पास घट रही घटनाओं को गंभीरता से देखने लगे तथा धीरे-धीरे लोगों से बात करते हुए लोगों को सामाजिक, राजनीतिक, आर्थिक और धार्मिक समस्याओं के बारे में सलाह देने लगे। इस तरह पेरियार धीरे-धीरे सार्वजनिक जीवन में प्रवेश करने लगे और लोग उनका सम्मान करने लगे।

लेकिन पिता की मृत्यु के बाद व्यापार के बढ़ते दबाव तथा सामाजिक जीवन के बीच पेरियार बहुत व्यस्त होते चले गए। अब धीरे-धीरे यह स्थिति बन गई कि उन्हें अक्सर सामाजिक और राजनीतिक कार्यों के लिए अलग-अलग मुद्दों पर भाषण देने के लिए बुलाया जाने लगा और उनकी व्यापारिक सूझ-बूझ अब राजनीतिक और सामाजिक सूझ-बूझ में बदलने लगी। इसी दौरान सन् 1915 में इरोड में जब प्लेग फैला तब पेरियार ने बीमारों की सेवा के लिए अपने कारोबार से कमाई धन-सम्पत्ति का खुलकर इस्तेमाल किया था।[2]

समाजसेवी पेरियार की विविध भूमिकाएँ

वे अपने पिता की ही तरह एक बड़े समाजसेवी और लोगों की मदद करने वाले सज्जन इंसान थे। वे अपने पैसे का इस्तेमाल लोगों का दुख दूर करने के लिए किया करते थे। इस प्लेग की भयानक बीमारी के दौरान उन्होंने ग़रीब एवं बीमार लोगों के खाने-पीने और दवाई इत्यादि के लिए खूब पैसा खर्च किया। उस समय इरोड के हज़ारों लोगों ने उनकी सेवा भावना के लिए उन्हें पुरस्कृत करने का मन बनाया। ''पेरियार को इसीलिए लोगों ने इरोड नगरपालिका सहित तालुका और ज़िले के बोर्ड में अपना प्रतिनिधि बनाया।''[3] पेरियार ने अपने सार्वजनिक जीवन

की शुरुआत में ही कई महत्त्वपूर्ण पदों पर भूमिका निभाई। वे इरोड की व्यापारिक एसोसिएशन के अध्यक्ष रहे, साउथ इंडियन चेंबर ऑफ़ कॉमर्स की उप समिति में सदस्य रहे, मानद मजिस्ट्रेट, शहरी कॉपरेटिव बैंक के सेक्रेटरी, और तालुका बोर्ड के सदस्य भी रहे। इस प्रकार की भूमिकाओं में पेरियार ने अलग ही छाप छोड़ी।

इन पदों पर काम करते हुए वह बहुत सावधानी से ग़रीबों-पिछड़ों और स्त्रियों के लिए योजना बनाने और उन योजनाओं को पूरी ईमानदारी और चतुराई के साथ लागू करने की कोशिश करते थे। उन्होंने इरोड नगर पालिका के अध्यक्ष के रूप में इरोड शहर को कावेरी नदी से सुरक्षित और साफ़ पीने के पानी की आपूर्ति सुनिश्चित करवाई। इसके अलावा उन्होंने मन्दिरों का रखरखाव सुधारते हुए मन्दिरों से जुड़े हुए आर्थिक लेखे-जोखे को भी ठीक किया। इरोड नगर पालिका में उनके नेतृत्व में साफ़-सफ़ाई की व्यवस्था बहुत सुधर गई। उनके आने से पहले पूरा शहर अस्त-व्यस्त और गंदा नज़र आता था लेकिन, उनके नेतृत्व में पूरा शहर चमक-दमक कर एकदम नया हो गया।

पेरियार की सफलताओं का सी. राजगोपालाचारी पर प्रभाव

इरोड शहर के कायाकल्प की ख़बर तत्कालीन कांग्रेसी नेता और सेलम नगर पालिका के चेयरमैन सी. राजगोपालाचारी के पास भी पहुँची। वे भी पेरियार की कर्मठता और सूझ-बूझ से बड़े प्रभावित हुए। पेरियार के काम को उन्होंने बड़ी बारीक़ी से देखा और निर्णय किया कि सेलम शहर की व्यवस्था के लिए भी पेरियार की मदद ली जाए।[4] पेरियार ने भी उदार हृदय से सेलम शहर की मदद की और उसकी व्यवस्था को ठीक किया। पेरियार द्वारा नगर पालिका प्रशासन में जो सुधार किए गए उनका बहुत सकारात्मक परिणाम सामने आया। एक कुशल प्रशासक और संगठनकर्ता के रूप में उनकी प्रसिद्धि चारों तरफ़ फैल गई। नगरपालिका में काम के दौरान अपने शहर की जो सुंदर व्यवस्था उन्होंने की उसकी मिसाल बहुत कम देखने को मिलती है। इसका मुख्य कारण यह था कि वे सबसे ग़रीब एवं सबसे कमज़ोर लोगों के लिए शहर की व्यवस्था बनाना चाहते थे और वे अपनी इस कोशिश में पूरी तरह सफल रहे।

राव बहादुर की उपाधि ठुकराई

पेरियार की इन सफलताओं से कांग्रेस और सामान्य जन-मानस ही प्रभावित नहीं था बल्कि तत्कालीन ब्रिटिश सरकार ने भी उनके इस योगदान को सराहा। इसीलिए उन्हें ब्रिटिश सरकार की तरफ़ से 'राव बहादुर' का सम्मान देने की

घोषणा की गयी। लेकिन पेरियार इन उपाधियों के आधार पर पैदा होने वाले ऊँच-नीच के खेल को अच्छे से समझते थे। वे जानते थे कि किस प्रकार जाति, वर्ण, भाषा और अमीरी-गरीबी से जुड़ी हुई उपाधियाँ मनुष्य-मनुष्य के बीच में भेद पैदा करती हैं। इन सैद्धांतिक असहमति के बिंदुओं के अलावा पेरियार ब्रिटिश सरकार की 'सम्मान व पुरस्कार की राजनीति' को भी बख़ूबी समझते थे। इसीलिए उन्होंने अंग्रेज़ सरकार द्वारा दी जाने वाली 'राव बहादुर' की उपाधि को लेने से साफ़ मना कर दिया।[5] पेरियार जिस समय इरोड नगर पालिका की सफ़ाई व्यवस्था का पुनरुद्धार कर रहे थे उस समय एक और महत्त्वपूर्ण काम उन्होंने अपने हाथ में लिया।

उस समय सड़कों को चौड़ा करना एक चुनौतीपूर्ण काम था। उस ज़माने के धनी-मानी लोग नहीं चाहते थे कि सड़कें चौड़ी हों और आम आदमियों को उन पर चलने का अधिकार मिले। यह असल में ब्राह्मण धर्म की भेदभाव भरी व्यवस्था की मानसिकता से उपजी हुई एक प्रवृत्ति थी। लेकिन प्रगतिशील विचारों वाले पेरियार इन ब्राह्मणवादी लोगों के विरोध के बावजूद सड़कों के चौड़ीकरण के काम को अंजाम देना चाहते थे। ऐसा इसलिए ताकि दलितों, पिछड़ों, अछूतों एवं स्त्रियों सहित सभी भारतीयों को सड़कों पर चलने का अधिकार मिल सके। यह काम उन्होंने बड़ी लगन और मेहनत से पूरा किया, जब शहर की सड़कें चौड़ी हो गईं तब शहर का एक अलग ही स्वरूप लोगों के सामने आया। तब पेरियार की सूझ-बूझ की तारीफ़ चारों तरफ़ होने लगी।

इस बड़े बदलाव के बाद न केवल आम आदमियों को सड़कों पर चलने में ज़्यादा सुविधा होने लगी बल्कि व्यापार-व्यवसाय भी तेज़ी से बढ़ने लगा। लोगों को जल्द ही समझ में आ गया कि शहर की सड़कों के चौड़ा होने से व्यापार और आर्थिक उन्नति का क्या सम्बन्ध होता है। इस तरह न केवल लोगों का जीवन आसान हुआ बल्कि शहर में आर्थिक अवसरों का भी निर्माण हुआ और बहुत तरह की सामाजिक, आर्थिक गतिविधियाँ शहर में तेज़ी से बढ़ने लगीं। यह सब काम करते हुए पेरियार के हृदय में समाज सेवा की बड़ी प्रबल लगन पैदा हुई। वे अपने अनुभव से बड़े क़रीब से यह देख पा रहे थे कि समाज में छोटे-छोटे बदलावों से लोगों के जीवन में कितनी बड़ी सुविधा पैदा हो जाती है। इसीलिए उन्होंने अपने कारोबार में कमाए हुए पैसों के ज़रिए समाज के सबसे वंचित और शोषित लोगों के जीवन को आसान बनाने का फ़ैसला लिया।

पब्लिक ट्रस्ट का निर्माण

इस निर्णय के बाद उन्होंने एक बड़ा कदम उठाया और अपने परिवार के नाम से एक पब्लिक ट्रस्ट की स्थापना की। इस ट्रस्ट के ज़रिए वे ग़रीब बच्चों, स्त्रियों और बुजुर्गों के लिए स्कूल, आश्रम और अस्पताल खोलना चाहते थे। इस पूरी योजना को उन्होंने अपने परिवार से साझा किया। लेकिन शुरुआत में उनके बड़े भाई इस बात के लिए राज़ी नहीं हुए। इसके बाद पेरियार ने इस योजना को पूरी तरह अपने हाथ में ले लिया और अकेले ही काम शुरू कर दिया। कुछ समय बाद उनके सेवा कार्यों की चारों तरफ़ तारीफ़ होने लगी। इससे प्रभावित होकर उनके बड़े भाई भी धीरे-धीरे इस काम की महत्ता को समझने लगे और इस कार्य में पूरी तरह शामिल हो गए। उनके बड़े भाई ई. कृष्णा स्वामी ने चिकित्सा शास्त्र की पढ़ाई की और पढ़ाई पूरी होने के बाद पेरियार द्वारा बनाए गए ट्रस्ट में एक डॉक्टर बनकर लोगों की सेवा करने लगे।

कांग्रेस और गांधी का प्रभाव

जिस समय पेरियार अपने सार्वजनिक जीवन की शुरुआत कर रहे थे उस समय भारत में आज़ादी का आंदोलन चल रहा था। यह वह दौर था जबकि पूरे देश में राष्ट्रीय कांग्रेस का बड़ा भारी आभामंडल फैला हुआ था। पूरे देश में गांधी के नेतृत्व में कांग्रेस द्वारा राष्ट्र निर्माण एवं देश की आज़ादी के तरह-तरह के प्रयोग हो रहे थे। पेरियार भी इन कार्यकलापों से प्रभावित हुए और उन्होंने घोषित रूप से कांग्रेस के लक्ष्यों को अपना लक्ष्य बना लिया और कांग्रेस के नेताओं के साथ मिलजुलकर काम करने लगे। कांग्रेस में शामिल होने का उनका यह निर्णय उस समय घटी एक भयानक घटना से भी जुड़ा हुआ था। सन् 1919 में जो जलियाँवाला बाग हत्याकांड हुआ था उसने पेरियार को भीतर तक हिला कर रख दिया था। इस समय वे इरोड नगर पालिका के चेयरमैन के रूप में काम कर रहे थे। वे इस विषय में अंग्रेज़ सरकार के खिलाफ़ बहुत कुछ करना चाहते थे। इसीलिए उन्होंने तत्कालीन भारतीय राष्ट्रीय कांग्रेस की ओर उम्मीद से देखा और कांग्रेस पार्टी जॉइन कर ली।

इस समय पूरे देश में गांधी की धूम मची हुई थी और कांग्रेस उनके नेतृत्व में न केवल राजनीतिक आज़ादी की बल्कि सामाजिक पुनर्निर्माण की एक नई लड़ाई भी लड़ रही थी। पेरियार ने जब उनके कार्यक्रमों को देखा तो वह भी उनसे बहुत प्रभावित हुए। वे अपने पारिवारिक ट्रस्ट के माध्यम से ठीक इसी तरह का काम कर रहे थे। जल्दी ही उन्होंने गांधी के समाज-निर्माण के कार्यक्रमों में भाग लेना शुरू किया। अपनी व्यापारिक कारोबारी कुशलता एवं समाज सेवी भावना के ज़रिए जल्दी ही उन्होंने तत्कालीन समाज में समाजसेवी एवं नेता होने का एक सम्मानजनक मुकाम हासिल कर लिया। धीरे-धीरे उनकी प्रसिद्धि बढ़ती गई और लोग उन्हें तरह-तरह के विषयों पर भाषण देने के लिए बुलाने लगे। वे अक्सर कन्नड़ भाषा में ओजस्वी भाषण दिया करते थे, और

अपने भाषणों में गांधी के सिद्धांतों और खादी के प्रचार सहित शराबबंदी और आज़ादी की लड़ाई के पक्ष में तर्क दिया करते थे।

कांग्रेसी नेताओं पर पेरियार का प्रभाव

पेरियार अपनी सार्वजनिक सभाओं में तमिल, कन्नड़, मलयाली आदि सभी भाषाओं में ओजस्वी भाषण देते थे और स्थानीय रूप को, मुहावरों, चुटकुलों, का इस्तेमाल करके लोगों के मन में प्रवेश कर जाया करते थे। उनकी ओजस्वी भाषण शैली के कारण आस-पास के इलाक़ों के लोग उनसे तेज़ी से जुड़ने लगे। इस प्रकार कांग्रेस का आभामंडल तेज़ी से दक्षिण भारत में फैलने लगा। जनमानस में कांग्रेस के प्रति इस बढ़ती सहानुभूति से कांग्रेस के अन्य नेता भी प्रभावित हुए। वे पेरियार को कांग्रेस में बड़ी भूमिका देने के लिए मन बनाने लगे। कांग्रेस के एक बड़े ब्राह्मण नेता सी. राजगोपालाचारी पेरियार के व्यक्तित्व और सफलता पर नज़रें गड़ाए हुए थे। उन्होंने पहचान लिया कि पेरियार एक बड़े नेता की तरह उभरने वाले हैं और अगर इनका साथ कांग्रेस को मिलता है तो कांग्रेस दक्षिण भारत में और मज़बूत हो सकती है।[1] इसी नज़रिए से उन्होंने पेरियार को कांग्रेस में और ऊँची भूमिकाओं के लिए स्थान देने का निर्णय लिया। उस समय सी. राजगोपालाचारी गांधी के विश्वासपात्र थे और उनके वरदहस्त का लाभ पेरियार को मिलने लगा।

ठीक इसी समय कल्याण सुंदरम सहित कांग्रेस पार्टी के बहुत सारे नेता पेरियार के पक्ष में खुलकर आ गए और इस प्रकार पेरियार की भूमिका कांग्रेस में बढ़ती गई। धीरे-धीरे कांग्रेस के प्रति उनका लगाव बढ़ता गया और वह लगातार स्थानीय अधिवेशनों में जाने लगे। वह कोयंबटूर ज़िले की ज़िला कांग्रेस समिति के साथ राष्ट्रीय सेवा कार्यों से जुड़े थे। कांग्रेस में अपनी बढ़ती भूमिका के दौरान वह अपनी ख़ुद की विचारधारा भी विकसित करते जा रहे थे। वे कांग्रेस में ब्राह्मणों के आधिपत्य से विशेष रूप से चिंतित रहते थे। ठीक इसी समय उन्होंने कई बार ब्रिटिश कालीन कांग्रेस में ग़ैर ब्राह्मणों के लिए अधिक अवसरों और सम्मान की बात उठाई। वे चाहते थे कि मुट्ठी भर ब्राह्मणों को जितना सम्मान मिलता है, करोड़ों ग़ैर ब्राह्मणों को भी उतना ही सम्मान दिया जाए। सांप्रदायिक प्रतिनिधित्व के मामले पर इसी विचार से उन्होंने ग़ैर ब्राह्मणों का प्रतिनिधित्व बढ़ाने की पुरज़ोर कोशिश की लेकिन कांग्रेस में छिपे बैठे प्रभावशाली ब्राह्मणों के षड्यंत्रपूर्ण भाईचारे ने उनका कोई प्रयास सफल नहीं होने दिया।

जस्टिस पार्टी को कमज़ोर करने की कांग्रेसी चाल

इस समय कांग्रेस के नेता यह चाहते थे कि ग़ैर ब्राह्मणों को कांग्रेस में प्रमुख भूमिका देकर जस्टिस पार्टी की बढ़ती हुई ताक़त को रोका जाए। एक अन्य महान तमिल नेता मुदलियार द्वारा 1916 में स्थापित इस जस्टिस पार्टी की ताक़त बढ़ती जा रही थी। जस्टिस पार्टी की स्थापना तमिलनाडु में ब्राह्मणों के द्वारा किए जा रहे जातीय भेदभाव एवं अत्याचारों के खिलाफ़ की गई थी। बीसवीं शताब्दी की शुरुआत में ही तमिलनाडु के ब्राह्मण और ग़ैर ब्राह्मणों में खाई बढ़ने लगी थी। कांग्रेस इस जस्टिस पार्टी के फैलाव से परेशान थी और किसी भी तरीक़े से अपने-आप को मज़बूत करना चाहती थी। इसी नज़रिये से तत्कालीन कांग्रेस ने ग़ैर ब्राह्मणों के हितों को ध्यान में रखते हुए सन् 1917 में मद्रास प्रेसीडेंसी एसोसिएशन की स्थापना की।

पेरियार ने इसकी स्थापना के लिए एक हज़ार रुपये दान में दिए। इस एसोसिएशन की उद्घाटन सभा में वह शामिल हुए। वह चाहते थे कि ग़ैर ब्राह्मण लोग भी सार्वजनिक जीवन एवं राजनीति में ताक़तवर बनें। इस उद्घाटन सभा में सर्वसम्मति से केशव पिल्लई इस एसोसिएशन के अध्यक्ष और पेरियार उपाध्यक्ष चुने गए। इसी दौर में गांधी ने अप्रैल 1919 को रौलट एक्ट के खिलाफ़ सत्याग्रह की घोषणा की। पेरियार इस सत्याग्रह के पक्ष में थे, और उन्होंने सत्याग्रह के समर्थन में तमिलनाडु के कई ज़िलों में सार्वजनिक सभाएँ कीं। राष्ट्रीय कांग्रेस में प्रवेश के थोड़े दिनों के भीतर पेरियार ने इरोड नगर पालिका अध्यक्ष पद सहित अन्य सभी स्थानीय संस्थाओं से इस्तीफ़ा दे दिया।

कांग्रेस में पेरियार की बढ़ती भूमिका

इसके बाद वह पूरी तरह कांग्रेस के काम में डूब गए। पेरियार 1914 में भूवेन्द्र नाथ बोस की अध्यक्षता में आयोजित भारतीय राष्ट्रीय कांग्रेस के मद्रास सत्र में भी शामिल हुए थे। मद्रास प्रेसीडेंसी एसोसिएशन की दूसरी वार्षिक सभा 11 से 12 अक्टूबर 1919 को गोविंद दास की अध्यक्षता में आयोजित की गई। इस समय तक आते-आते वी. कल्याण सुंदरम और पेरियार के बीच में काफ़ी अच्छी दोस्ती हो चुकी थी। इस सभा में मद्रास प्रेसीडेंसी के सभी प्रमुख ग़ैर ब्राह्मण नेता शामिल हुए। यह दूसरी सभा पहले की तुलना में काफ़ी बड़े पैमाने पर आयोजित की गयी थी। इस सभा के आयोजन के पीछे पेरियार का हाथ था और पेरियार द्वारा इसके सफल आयोजन की सबने तारीफ़ की। इसके बाद जब दिसंबर 1919 में भारतीय राष्ट्रीय कांग्रेस का अमृतसर सेशन बुलाया गया तब

भी पेरियार ने अन्य ग़ैर ब्राह्मण नेताओं के साथ इसमें शिरकत की। इसी समय सी. राजगोपालाचारी तमिलनाडु कांग्रेस कमेटी को और मज़बूत करना चाहते थे। राजगोपालाचारी जानते थे कि पेरियार एक सशक्त और संपन्न व्यक्ति हैं और तमिलनाडु में कांग्रेस को मज़बूत बना सकते हैं।

पेरियार की जाति और कांग्रेस की योजना

हालाँकि इसके पीछे एक और रणनीति भी थी, राजगोपालाचारी जानते थे कि पेरियार ख़ुद एक बालीज जाति के सदस्य हैं, ऐसे में अगर बालीज जाति के लोगों का समर्थन कांग्रेस को मिलता है तो कांग्रेस तमिलनाडु में बहुत तेज़ी से उभर सकती है। इसलिए राजगोपालाचारी और पी. वरदराजुलू ने मिलकर पेरियार को कांग्रेस में नई भूमिका के लिए राज़ी कर लिया। ये दोनों जानते थे कि पेरियार राजनीति से ज़्यादा सामाजिक सुधार के पक्षधर थे। ऐसे में इन्हें लगता था कि पेरियार को अगर सामाजिक बदलाव की लड़ाई का आश्वासन देकर राजनीति में लाया जाए तो अभी तुरंत राज़ी हो जाएँगे। इन दोनों ने मिलकर पेरियार को यह समझाया कि कांग्रेस में रहते हुए केवल राजनीतिक मुक्ति का ही नहीं बल्कि सामाजिक न्याय लड़ाई का मौक़ा भी मिल सकता है। पेरियार इस बात के लिए राज़ी हुए और 1919 के अंत में भारतीय राष्ट्रीय कांग्रेस में शामिल हो गए।

इस समय सी. राजगोपालाचारी मानते थे कि भारत में सामाजिक बदलाव की सख़्त ज़रूरत है, और अन्य सामाजिक बदलाव का लक्ष्य गांधी और कांग्रेस के साथ काम करके आसानी से हासिल किया जा सकता है। ऐसा लगता है कि पेरियार सी. राजगोपालाचारी की इस मान्यता से बहुत प्रभावित हुए थे। सामाजिक बदलाव की इच्छा और देश की आज़ादी का सपना संजोए हुए उन्होंने भारतीय राष्ट्रीय कांग्रेस की गतिविधियों में अपनी पूरी ताक़त लगा दी।

असहयोग आंदोलन, खादी-चरखा और पेरियार

सन् 1920 के सितंबर में कोलकाता में गांधी द्वारा शुरू किए गए असहयोग आंदोलन को औपचारिक समर्थन देने के लिए कांग्रेस का एक विशेष सत्र बुलाया गया। इस सत्र में असहयोग आंदोलन की योजना को बड़े पैमाने पर समर्थन दिया गया, हालाँकि कांग्रेस के नागपुर अधिवेशन में दिसंबर 1920 में काफ़ी वाद-विवाद के बाद यह योजना स्वीकार कर ली गई। असहयोग आंदोलन के दौरान यह योजना थी कि समाज के नव-निर्माण के सकारात्मक काम शुरू किए जाएँ। समाज के नव-निर्माण के ये सकारात्मक काम पेरियार के अपने व्यक्तिगत, सामाजिक,

राजनीतिक दर्शन के बहुत नज़दीक थे। इसलिए पेरियार इन कार्यक्रमों से बड़े प्रभावित हुए और स्वदेशी एवं खादी प्रचार करते हुए ख़ुद भी खादी पहनने लगे और चरखा चलाने लगे। उन्होंने आगे बढ़कर हिन्दू-मुस्लिम एकता के लिए भी बहुत काम किया, और अपने इलाक़े में शराबबंदी के लिए आंदोलन चलाया। इस समय पेरियार बहुत गंभीरता से कांग्रेस के साथ समाज निर्माण एवं भारत में चल रहे आन्दोलन में लगे हुए थे। गांधी के असहयोग आंदोलन के साथ जुड़े रहकर उन्होंने इन गतिविधियों के प्रचार में पूरा सहयोग किया।

शराबबंदी आंदोलन और पहली बार जेल यात्रा

पेरियार अपने बचपन से ही अपने आस-पास शराब और ताड़ी पीने के दुष्प्रभावों को देखते आए थे। कांग्रेस के आह्वान पर असहयोग आंदोलन के साथ-साथ जब शराबबंदी की बात उठाई गई, तब पेरियार ने शराबबंदी के आंदोलन में भी अपनी पूरी ताक़त लगा दी। कोयंबटूर में कांग्रेस के सहयोग से शराबबंदी के समर्थन में एक बड़ा आंदोलन चलाया गया। पेरियार से प्रभावित होकर वीसी वेलिंगिरी जैसे स्थानीय नेताओं ने कांग्रेस के साथ मिलकर आबकारी की दुकानों के आगे धरने दिए और शराब की दुकानों की वार्षिक ग़ुलामी को रोकने के लिए आंदोलन चलाया। पेरियार ने ख़ुद 1921 में मद्रास राज्य में शराबबंदी के लिए एक बड़े आंदोलन का नेतृत्व किया। नवंबर 1921 में इरोड में भी शराबबंदी आंदोलन शुरू हो गया। इस आंदोलन के कारण अंग्रेज़ सरकार ने पेरियार को गिरफ़्तार कर लिया और उन्हें एक महीने की जेल की सज़ा दी गई। उनके साथ लगभग 100 लोगों को अल्पकालीन कारावास दिया गया था।

शराबबंदी आंदोलन को इतने बड़े पैमाने पर सफलता मिलते हुए देखकर ख़ुद गांधी भी पेरियार की क्षमता से बहुत प्रभावित हुए। गांधी ने पेरियार की तारीफ़ करते हुए कहा कि शराबबंदी के लिए अकेले ही इरोड ने बहुत बहादुरी से काम किया है, इसीलिए रामासामी नायकर को एक महीने की जेल का पुरस्कार मिला है।[2] इस आंदोलन को ब्राह्मण एवं ग़ैर ब्राह्मण समाज का समान रूप से सहयोग प्राप्त हुआ। ख़ासतौर से दलित एवं पिछड़ी जातियों में इस आंदोलन की सफलता से बहुत बदलाव देखने को मिला। ग़रीब परिवारों में शराब के कारण बहुत सारी दिक्क़तें पैदा होती थीं। शराबबंदी के बाद दलित एवं पिछड़ी जातियों के परिवारों की आर्थिक स्थिति सुधरी और उनमें पारिवारिक कलह भी कम हुई। इस प्रकार पेरियार दलित एवं पिछड़ी जातियों की स्त्रियों में बहुत अधिक प्रसिद्ध हो गए। इन अभियानों में उनकी पत्नी नागम्माइ और बहन कन्नम्माल भी

उनके साथ थीं। इन स्त्री कार्यकर्ताओं के शामिल होने के बाद इस आंदोलन को दलित-बहुजनों और ख़ासकर स्त्रियों के बीच काफ़ी लोकप्रियता मिली।

इस आंदोलन ने स्थानीय प्रशासन पर भारी दबाव बनाया और प्रशासन को समझौता करने के लिए मजबूर किया गया, यह पेरियार की बड़ी जीत थी। जन-आंदोलनों में इस सफलता के बाद, वे जनता के नायक बन गए और 1922 में, कांग्रेस समिति के 'तिरुपुर सत्र' के दौरान; पेरियार को मद्रास प्रेसीडेंसी कांग्रेस का प्रेसिडेंट चुना गया। शराबबंदी के आंदोलन के बाद पेरियार जीवन में पहली बार जेल गए थे। उन्होंने शराबबंदी के दौरान सन् 1921 से 1922 के बीच थाड़मपट्टी में लगे हुए अपने ख़ुद के 500 नारियल के पेड़ों को कटवा दिया था।[3]

खादी के प्रचार में पेरियार

असहयोग आंदोलन के दौरान गांधी ने पूरे देश में सामाजिक नवनिर्माण की योजना पर ज़ोर दिया। इस आंदोलन में समाज के पुनर्निर्माण के लिए ऐसे कामों की योजना घोषित की गई जिनके ज़रिए कुछ-न-कुछ सामाजिक सुधार और निर्माण का काम किया जा सके। विशेष रूप से खादी और चरखा एक नया प्रतीक थे जो न केवल लोगों की कल्पनाशीलता से जुड़ते थे बल्कि उन्हें समाज के पुनर्निर्माण में शामिल होते हुए कुछ सार्थक करने का आत्म-सम्मान और बोध भी देते थे।[4] इस प्रकार लोग गांधी से तेज़ी से जुड़ने लगे। खादी का प्रचार करना एवं हथकरघा उद्योग को बढ़ावा देना एक सोची-समझी रणनीति भी थी जिसके ज़रिए अंग्रेज़ सरकार के कपड़ा उद्योग को चौपट करके स्थानीय भारतीय उद्योगों को बढ़ावा दिया जा सके। यह अंग्रेज़ सरकार को उखाड़ फेंकने के लिए एक ज़बरदस्त आर्थिक रणनीति थी। पेरियार ने इस बात को बहुत अच्छी तरह समझ लिया था क्योंकि वह ख़ुद एक व्यापारी थे। खादी का प्रचार करते हुए पेरियार ने पूरे तमिलनाडु का सघन दौरा किया।

असहयोग आंदोलन के दौरान शराबबंदी और खादी के प्रचार के काम से जब जनता को संबोधित करते थे तब उनके भीतर एक महान नेता की छवि उभरने लगती थी। धीरे-धीरे तमिलनाडु सहित पूरे दक्षिण भारत में उनके भाषणों और नेतृत्व क्षमता की धाक जम गई। पेरियार ने खादी के प्रचार के लिए अलग-अलग किस्म की रणनीति अपनाई और अपने इलाक़े में ख़ुद चरखा चलाते हुए खादी का प्रचार करना शुरू किया। पेरियार ने ख़ुद अपने महँगे कपड़े त्याग दिए और खादी के कपड़े पहनना और बेचना शुरू किया। इतना ही नहीं बल्कि पेरियार ने अपनी पत्नी सहित परिवार के सभी सदस्यों को मुलायम और महँगे कपड़े त्याग

कर खादी के मोटे कपड़े पहनने के लिए राज़ी कर लिया। पेरियार के इस निर्णय को देखकर जस्टिस पार्टी के संस्थापक क्रांतिकारी नेता वी. कल्याण सुंदरम भी बहुत प्रभावित हुए, और उन्होंने पेरियार की मुक्त कंठ से प्रशंसा की।

पेरियार की विशिष्ट जन-संपर्क शैली

पेरियार अपनी व्यावहारिक और व्यापारिक बुद्धि का इस्तेमाल करते हुए खादी के अर्थशास्त्र की व्याख्या करते थे। वे आसान भाषा में जनता को समझाते थे कि अगर खादी का इस्तेमाल किया जाए तो अंग्रेज़ सरकार की कपड़ों की मिलें बंद हो जाएँगी। खादी के इस्तेमाल से स्थानीय मज़दूर और किसान भी मज़बूत होंगे। पेरियार की इन बातों का जनता पर बहुत असर पड़ता था, और आम जनता खादी एवं असहयोग आंदोलन से तेज़ी से जुड़ने लगी। पेरियार के अपने इलाक़े इरोड और तिरुपुर में खादी ग्रामोद्योग तेज़ी से आगे बढ़ा और खादी के कपड़ों के उत्पादन का यह एक प्रमुख केंद्र बन गया। इरोड में 'तमिलनाडु कांग्रेस खादी वस्त्रालयम' पेरियार के नेतृत्व में ही चलाया गया था। इस आंदोलन के प्रभाव के कारण पेरियार को 'ऑल इंडिया स्पिनर्स एसोसिएशन' का अध्यक्ष चुना गया। यह एसोसिएशन भारत में खादी का प्रचार करने और खादी के कपड़ों के दाम पर नियंत्रण रखने के लिए बनाई गई थी।

भारतीय राष्ट्रीय कांग्रेस के साथ आज़ादी के आंदोलन के दौरान तमिलनाडु में खादी का प्रचार करने में पेरियार बहुत आगे निकल गए थे। हमेशा की तरह वे अच्छी-अच्छी बातों को केवल दूसरों को सिखाने तक ही सीमित नहीं रहते थे बल्कि उन्हें अपने जीवन में भी उतारते थे। इसीलिए जब उनके आस-पास के लोग देखते थे पेरियार जिस बात का प्रचार कर रहे हैं, उसका ख़ुद भी पालन कर रहे हैं, तो उनके प्रति उनकी निष्ठा और श्रद्धा बढ़ जाया करती थी। गांधी के मार्गदर्शन में तमिलनाडु में खादी का प्रचार करते हुए उन्होंने सलेम ज़िले के तिरुचेंगोडे ताल्लुक के पुडुपालयम में एक खादी आश्रम की स्थापना की। साथ ही वायकोम आंदोलन के दौरान भी उन्होंने खादी का धुआँधार प्रचार किया, इस दौरान उन्होंने चालीस से भी अधिक खादी की दुकानों की स्थापना करवाई जिसके कारण खादी का उत्पादन और प्रयोग बहुत अधिक बढ़ गया था। उनकी सफलता के कारण उन्हें खादी प्रचार आयोग का नेता, और तमिलनाडु की बुनकर सभा का अध्यक्ष चुना गया था।

वायकोम सत्याग्रह

वायकोम सत्याग्रह पेरियार के जीवन का सबसे महत्त्वपूर्ण आंदोलन माना जाता है। इस आंदोलन में न केवल उनकी वैचारिकी और दार्शनिक स्थापनाओं का परिचय प्राप्त होता है, बल्कि उनकी विशिष्ट संगठन शैली का परिचय भी मिलता है। गांधी और कांग्रेस की विचारधारा से मोहभंग होने के दौरान पेरियार जिस नई वैचारिक और संगठनात्मक भूमि की तलाश कर रहे थे वो तलाश इस आंदोलन के दौरान पूरी होती है। इस आंदोलन के दौरान वे स्वयं जिस तरह की रणनीति और वैचारिक, दार्शनिक स्थापनाओं का पालन करते हैं, कई अर्थों में उसका ज़मीन पर परीक्षण हो जाता है। इस आंदोलन के दौरान आए उतार-चढ़ाव के बीच पेरियार करोड़ों लोगों के मन में ब्राह्मणवाद के खिलाफ़ सदियों से संचित भावनाओं को ठीक से देख पाते हैं। इसीलिए इस आंदोलन के बाद वे आत्मविश्वास के साथ ब्राह्मणवाद की जड़ों को खोलने के लिए समर्पित हो जाते हैं। इसलिए पेरियार के सार्वजनिक जीवन को समझने की दृष्टि से इस आंदोलन का बहुत अधिक महत्त्व है।

शूद्रातिशूद्रों के अधिकारों का प्रश्न

बीसवीं शताब्दी की शुरुआत में ही वायकोम नाम का यह स्थान, अपने भव्य मन्दिरों और धार्मिक महत्त्व के साथ वर्णाश्रम धर्म का गढ़ और धार्मिक अंधविश्वास सहित जाति एवं वर्ण के आधार पर भेदभाव का अड्डा बन चुका था। वायकोम के पवित्र माने जाने वाले शिव मन्दिर के चार दरवाज़े थे जिनसे जुड़ी हुई चार गलियाँ या रास्ते थे। इन रास्तों पर पिछड़ी जाति के करोड़ों लोगों को चलने का अधिकार नहीं था। यह बात सदियों पुरानी नहीं है बल्कि सन् 1924 की बात है। गुलाम भारत में अंग्रेज़ी शिक्षा का पर्याप्त प्रचार हो चुकने के बाद भी और भारतीय राष्ट्रीय कांग्रेस के प्रयासों के बावजूद जाति पर आधारित भेदभाव का यह आलम था। पेरियार उसे बदल देना चाहते थे। वे चाहते थे कि तियार,

पुलिया और एजावा जातियों में गिने जाने वाले करोड़ों मूलनिवासी भारतीय लोगों को धर्मस्थलों में प्रवेश करने का और सार्वजनिक रास्ते पर चलने का अधिकार मिले। वायकोम मन्दिर परिसर में जाति के आधार कार्ड छुआछूत का यह आलम था कि यहाँ पर ग़ैर ब्राह्मण समाज के एवं पिछड़ी जाति के लोगों को काम पर भी नहीं रखा जाता था।[1]

वायकोम एक छोटा-सा गाँव है जो कि तत्कालीन त्रावणकोर में एलेप्पी से 23 मील दूर उत्तर की तरफ़ 'वेम्बानाड झील' के पास बसा हुआ है। ब्रिटिश भारत में त्रावणकोर की तत्कालीन रियासत में इसी गाँव में एक छोटा शिव मन्दिर था जो पूरे इलाक़े में बड़ा प्रसिद्ध था। यहाँ दूर-दूर से श्रद्धालु दर्शन करने के लिए आते थे। लेकिन हिन्दू धर्म के नियमों के अनुसार इस शिव मन्दिर में नीची समझे जाने वाली जातियों के लोगों को जाने का अधिकार नहीं था। दक्षिण भारत के राज्यों में पुलया, थिया, एजावा, नादर जैसी जातियों के करोड़ों लोगों को इस मन्दिर में जाने का अधिकार नहीं था। मज़े की बात यह है कि उस समय एजावा जाति की संख्या उस समय की कुल शिक्षित और सम्पन्न जनसंख्या के छठवें हिस्से के बराबर थी। इतनी बड़ी संख्या में होने के बावजूद उन्हें छुआछूत और अमानवीय अत्याचार झेलने पड़ते थे।

एजावा जाति के एक वकील की पहल

उस समय इस इलाक़े में माधवन नाम के एजावा जाति के एक धनी-मानी वकील अपनी वकालत चलाते थे। इन वकील साहब के ख़िलाफ़ जाति के आधार पर भेदभाव की एक घटना हुई। माधवन को त्रावणकोर के 'श्रीमूलम तिरुनल महाराज' के महल के दरबार में जाने से रोका गया। इसी समय के.पी. केसावा मैनन, माधवन, और जॉर्ज जोसेफ़ नाम के पत्रकारों और नेताओं ने मिलकर इस मुद्दे को छुआछूत के मुद्दे की तरह उभार कर पेश किया। इन लोगों ने मिलकर यह मामला अस्पृश्यता विरोधी कमेटी के सामने उठाया।[2] थोड़े ही समय में इन्होंने सामाजिक कार्यकर्ताओं और अपने साथियों को इकट्ठा करके एक सत्याग्रह शुरू कर दिया। इन लोगों ने अपनी योजना की जानकारी गांधीजी को देते हुए उनसे आशीर्वाद माँगा। जवाब में गांधीजी ने उन्हें सलाह दी कि वे धैर्य का पालन करते हुए सत्याग्रह करें।

पेरियार को वायकोम आने का निमंत्रण

ठीक इसी समय पेरियार तमिलनाडु कांग्रेस कमेटी के अध्यक्ष थे। दूसरी तरफ़ केरल में केरल प्रदेश कांग्रेस कमेटी के नेता जॉर्ज जोसेफ़ और नंबूदिरि ने मिलकर पेरियार को एक चिट्ठी लिखी। पेरियार को जब यह चिट्ठी मिली तब उनके भीतर बैठा ब्राह्मणवाद विरोधी क्रांतिकारी जाग उठा। वे तुरंत ही किसी अन्य जगह के लिए अपने पूर्व निर्धारित राजनीतिक दौरे को रद्द करते हुए वायकोम की तरफ़ निकल पड़े। इस नई जगह के लिए तमिलनाडु कांग्रेस के कुछ क्रांतिकारी कार्यकर्ता भी उनके साथ हो लिए, और ये सब मिलकर मदुरई से वायकोम पहुँचे। पेरियार के साथ आई कार्यकर्ताओं की इस टोली में के. कामराज भी थे जो कि भविष्य में पेरियार के विचारों पर आधारित राजनीति करते हुए तमिलनाडु के मुख्यमंत्री भी बने।

अपनी इस जुझारू कार्यकर्ताओं की टोली के साथ पेरियार 13 अप्रैल 1924 को वायकोम पहुँचे और तुरंत ही सत्याग्रह की बागडोर अपने हाथ में ले ली। सामाजिक भेदभाव के खिलाफ़ उन्होंने आग उगलते हुए भाषण शुरू कर दिए। उनके भाषण इतने भावनात्मक और ओजस्वी थे कि उन्हें सुनकर लोगों के दिल में सामाजिक बदलाव की आग भड़क उठी। अपने ओजस्वी भाषणों से उन्होंने हिन्दू धर्म की जाति व्यवस्था और सड़ी-गली मान्यताओं पर हमला किया। आस-पास के लोगों को यह सब सुनकर बहुत आश्चर्य हुआ, इस समय तक पेरियार के पहले किसी ने भी सार्वजनिक मंच से हिन्दू धर्म की ऐसी कठोर निंदा नहीं की थी। इसका परिणाम यह हुआ कि बहुत बड़े पैमाने पर सभी जातियों और समुदायों के लिए सभी सड़कें खोल देने का आंदोलन ज़ोर पकड़ गया।

पेरियार की गिरफ़्तारी और जेल

इस सबसे हालत यह हुई कि पेरियार के वायकोम पहुँचने के छह दिनों के भीतर ही सरकार ने क़ानून व्यवस्था बिगड़ जाने के डर से उन्हें गिरफ़्तार कर लिया और अरिविक्कुथू जेल भेज दिया गया। लेकिन उनके जेल जाने के बाद भी आंदोलन नहीं रुका। उनकी पत्नी नागम्मइ और उनकी बहन कन्नम्माल ने जिस तरह शराबबंदी आंदोलन में भूमिका निभाई थी ठीक उसी तरह वायकोम सत्याग्रह में भी वह नेतृत्व करने के लिए कूद पड़ीं। पेरियार जब जेल में बंद थे तब सत्याग्रह का नेतृत्व इन दोनों स्त्रियों ने किया। यह बड़ी मज़ेदार बात है, पेरियार की अनुपस्थिति में उनकी बहन और पत्नी हिन्दू धर्म के ईश्वर और पितृसत्ता के खिलाफ़ बगावत कर रही थीं। एक तरफ़ ये दोनों स्त्रियाँ वायकोम आंदोलन का नेतृत्व करते हुए हिन्दू धर्म के छुआछूत और अंधविश्वासों को उखाड़ने का प्रयास कर रही थीं तो दूसरी तरफ़

ब्राह्मण लोग ऊँची जाति के अन्य हिन्दुओं को इकट्ठा करके उसी स्थान पर 'शत्रु संहार महायज्ञ' कर रहे थे, ताकि पेरियार के आंदोलन को नष्ट किया जा सके।[3]

रिहाई, दुबारा आंदोलन और गिरफ़्तारी

एक महीने बाद जब उन्हें जेल से रिहा किया गया तब त्रावणकोर की तत्कालीन सरकार ने पेरियार को आदेश दिया कि वे तत्काल त्रावणकोर राज्य छोड़कर चले जाएँ। लेकिन जेल से लौटने के बाद पेरियार के दिल में कुछ और ही योजना आकार ले चुकी थी। वे इस आदेश का उल्लंघन करते हुए दोबारा सत्याग्रह में कूद पड़े। उन्होंने छुआछूत की इस अमानवीय प्रथा को समर्थन देने के लिए सरकार की कड़ी निंदा की। उन्होंने अपने एक ओजस्वी भाषण में कहा कि अगर ईश्वर को यह पता चलेगा कि किसी अछूत के छूने से मन्दिर का देवता अपवित्र हो जाता है तो, ऐसे मन्दिर में ईश्वर कभी प्रवेश नहीं करेगा, ऐसी मूर्ति को वहाँ से हटा देना चाहिए और वहाँ पर कपड़े धोना शुरू कर देना चाहिए।[4] गिरफ़्तारी और सज़ा के बावजूद पेरियार के तेवर न तो नरम पड़ रहे थे और न ही आंदोलन रुकने का नाम ले रहा था। ऐसे में सरकार फिर से डर गई और पेरियार को मई 1924 में फिर गिरफ़्तार कर लिया गया। इस बार उन्हें त्रिवेंद्रम की त्रावणकोर सेंट्रल जेल में 6 महीने के लिए क़ैद किया गया। लेकिन जेल जाने के पहले वे सत्याग्रह के पक्ष में भारी वातावरण बना चुके थे, उनके जेल जाने के बाद भी आंदोलन बिना किसी रुकावट के चलता रहा। त्रावणकोर सहित राज्य और देश के कई दूरदराज के इलाक़ों से लोग इस आंदोलन में शिरकत करने के लिए आने लगे।

त्रावणकोर की महारानी और गांधी का हस्तक्षेप

इसी समय त्रावणकोर की महारानी सांप्रदायिक हिंसा की आशंका से चिंतित हो उठीं और सत्याग्रह को रोकने के लिए कोशिश करने लगीं। महारानी के आदेश पर उनके ब्राह्मण दीवान ने सी. राजगोपालाचारी को एक पत्र लिखा। इस पत्र में उन्होंने लिखा कि त्रावणकोर की महारानी गांधी से मिलना चाहती हैं और सत्याग्रह के मामले पर विचार करते हुए मामले को जल्दी सुलझाना चाहती हैं। पत्र के अनुसार सी. राजगोपालाचारी ने गांधी को वायकोम आने का सुझाव दिया। यह सुझाव मानकर गांधी मार्च 1925 को वायकोम सत्याग्रह को समाप्त करने के लिए त्रावणकोर की महारानी से मिलने पहुँच गए। गांधी ने वायकोम सत्याग्रह का समर्थन किया और त्रावणकोर जैसे प्रगतिशील राज्य में ऐसी क्रूर व्यवस्था के होने पर आश्चर्य व्यक्त किया। (CWMG-32)

त्रावणकोर की महारानी का समर्पण और आंदोलन की जीत

गांधी के हस्तक्षेप और गैर ब्राह्मणों एवं अछूतों द्वारा गुस्से में हिन्दू धर्म छोड़ने की सँभावना से त्रावणकोर की महारानी ने समझौता करते हुए अछूतों को वायकोम की सड़कों पर चलने का अधिकार दिलवा दिया। इस प्रकार पेरियार के नेतृत्व में भारत में पहली बार ग़ैर ब्राह्मण, अनार्य या द्रविड़ लोगों को पवित्र मन्दिरों से जुड़ी हुई सड़कों और रास्तों पर चलने का मौका मिला। इस महान विजय के बाद टी. वी. कल्याण सुंदरनार ने अपने अखबार में पेरियार को 'वायकोम का हीरो' बताया। आख़िर में 23 नवंबर 1925 को त्रावणकोर दरबार ने करोड़ों अछूत भारतीयों के लिए सार्वजनिक सड़कों को खोल दिया। पेरियार के लिए बहुत बड़ी जीत थी और वे करोड़ों दिलों में नायक की तरह बस गए।

कन्याकुमारी के साथ सचिंद्रम में आंदोलन

इसी तरह वायकोम सत्याग्रह के बाद पेरियार ने सन् 1926 में कन्याकुमारी के साथ सचिंद्रम नामक इलाक़े में जातिगत भेदभाव के खिलाफ़ एक और आंदोलन छेड़ा था। सचिंद्रम में नागरकोइल के पास एक बहुत ही प्रसिद्ध थानु मलैया स्वामी मन्दिर था इसका नियंत्रण मलयाली ब्राह्मणों और तमिल पल्लिमार लोगों के हाथ में था। ये लोग भी पिछड़ी जाति के और नादर लोगों को न तो मन्दिर में प्रवेश करने देते थे और न ही मन्दिर से जुड़े हुए रास्तों पर चलने देते थे। इस स्थिति को देखकर पेरियार ने यहाँ भी एक आंदोलन छेड़ा और भारत के पिछड़ी जाति के लोगों को मन्दिर प्रवेश एवं सार्वजनिक रास्ते पर चलने का अधिकार दिलवाया। इस आंदोलन के परिणाम में पिछड़ी जातियों के लिए अलग से रोड का निर्माण किया गया।

कांग्रेस से मोहभंग की शुरुआत

जिस प्रकार वायकोम सत्याग्रह पेरियार की विचारधारा को एक शिखर पर पहुँचाता है। ठीक उसी प्रकार शेरमादेवी गुरुकुलम मामले का ख़ास महत्त्व है। इस प्रकरण के दौरान पेरियार को ब्राह्मणवाद का एक और नया चेहरा नज़र आता है। ब्राह्मणवाद का यह चेहरा इतना घिनौना था कि इस चेहरे के लिए सार्वजनिक जीवन की शुचिता, सामाजिक जीवन की नैतिकता और सामान्य न्याय का भी कोई मूल्य नहीं था। इस मामले ने पेरियार के मन को हिला कर रख दिया और सोचने पर मजबूर कर दिया कि क्या भारत में बसे ब्राह्मणों और ब्राह्मणवादियों में कोई नैतिकता होती है या नहीं होती है? शेरमादेवी गुरुकुल मामला एक अन्य महत्त्वपूर्ण मामला था जिसकी वजह से पेरियार का कांग्रेस से मोहभंग हुआ। इस घटना की वैचारिक पृष्ठभूमि और उसके राजनीतिक परिणाम बहुत विराट थे। असल में जिस क्रांतिकारी ब्राह्मण विरोधी, कांग्रेस विरोधी और गांधी विरोधी, पेरियार को हम जानते हैं उसका जन्म इस गुरुकुलम मामले के बाद होता है। इस मामले के तुरंत बाद ही वे कांग्रेसी एवं सी. राजगोपालाचारी सहित गांधी के प्रभाव से पूरी तरह मुक्त ही नहीं हुए हुए बल्कि उनके ख़िलाफ़ भी हो गए।

शेरमादेवी गुरुकुलम में गैर ब्राह्मण बच्चों से भेदभाव

तमिलनाडु के तिरुनेलवेली ज़िले में शेरमादेवी नामक एक स्थान है। यहाँ पर एक आवासीय विद्यालय तमिलनाडु कांग्रेस की मदद से शुरू किया गया। इसे गुरुकुलम के नाम से जाना जाता था और इसकी स्थापना श्री वी.वी.एस. अय्यर द्वारा की गई थी जो कि कांग्रेस के एक बड़े नेता थे। इस स्कूल या गुरुकुलम के संचालन के लिए तमिलनाडु कांग्रेस को दस हज़ार रुपये सालाना अनुदान दिया जाता था। इस स्कूल के लिए जो चंदा दिया जाता था वह ग़ैर ब्राह्मण समुदाय द्वारा आने वाले व्यक्तिगत दानदाताओं और संस्थाओं से आता था। सन् 1925 में

पेरियार इस स्कूल के सचिव बने और उन्होंने जब अपना काम शुरू किया तब उन्हें कुछ चौंकाने वाली बातें पता चलीं। इस समय तक स्कूल के लिए नियत आधा पैसा तमिलनाडु कांग्रेस को दिया जा चुका था।

सचिव बनते ही उन्हें यह शिकायत मिली कि गुरुकुलम में ब्राह्मण बच्चों और ग़ैर ब्राह्मण बच्चों को अलग-अलग स्थान पर बैठा कर भोजन कराया जा रहा है। इसके अलावा पेरियार को यह भी पता चला कि ब्राह्मण बच्चों को ग़ैर ब्राह्मण बच्चों की तुलना में ज़्यादा अच्छा भोजन और सुविधाएँ दी जा रही हैं। इतना ही नहीं गुरुकुलम के बच्चों ने भी पेरियार को अपनी व्यथा सुनाते हुए शिकायत भेजी। इनमें से एक शिकायत ओ.पी. रामासामी रेड्डियार के बेटे द्वारा की गई थी जिसने पेरियार का ध्यान आकर्षित किया। शिकायत में बहुत विस्तार से ब्राह्मण और ग़ैर ब्राह्मण बच्चों के साथ गुरुकुलम में हो रहे भेदभाव का वर्णन किया गया था। वहाँ न केवल उन्हें अलग-अलग तरह का भोजन कराया जा रहा था बल्कि उनके पानी पीने के बर्तन और स्थान भी अलग रखे गए थे।[1] जब पेरियार ने सुब्रमण्यम अय्यर से इस विषय में बात की तो उन्हें पता चला कि ये सारी शिकायतें सही हैं।

गुरुकुलम में पेरियार का हस्तक्षेप और कांग्रेस की प्रतिक्रिया

यह बात वायकोम के हीरो कहे जाने वाले पेरियार जैसे क्रांतिकारी को बिलकुल भी बर्दाश्त नहीं हो सकती थी। इसलिए उन्होंने वी.एस. अय्यर को सलाह दी कि वे बच्चों के साथ भेदभाव न करें और उन्हें अलग-अलग बैठाकर भोजन कराकर उनके बीच में जातिवाद पैदा न करें। लेकिन अय्यर स्वयं एक कट्टर ब्राह्मण थे और उन्हें लगता था कि इस तरह का भेदभाव करना न केवल उचित है बल्कि धर्म सम्मत भी है। इसीलिए अय्यर ने पेरियार की सलाह को मानने से इनकार कर दिया। इसी समय डॉ. वरदाराजुलु नायडू, थिरू वीकेए, एस.रामनाथन और अन्य प्रमुख कांग्रेसियों ने गुरुकुलम जैसी संस्था में जातिवादी भेदभाव करने के आरोप लगाकर अय्यर की निंदा की।

इस सब जानकारी के प्रकाश में आने के बाद ग़ैर ब्राह्मण सदस्यों की तरफ़ से कांग्रेस के खिलाफ़ एक भयानक विरोध प्रदर्शन शुरू हो गया। पेरियार के अलावा वरदराजूलू नायडू, एस. रामनाथन और कल्याण सुंदरम जैसे ग़ैर ब्राह्मण नेताओं ने इस मुद्दे को बहुत ताक़त से उठाया और इसे एक विचारधारा का मुद्दा बना दिया। इन लोगों ने तर्क दिया कि स्कूल में बच्चों के बीच में ब्राह्मण और ग़ैर ब्राह्मण का भेदभाव करना किसी भी नज़रिये से उचित नहीं कहा जा सकता। इस प्रकार गुरुकुलम मामले में कांग्रेस के ब्राह्मण और ग़ैर ब्राह्मण नेताओं के

बीच में दरार बढ़ती गई। पेरियार ने इस मुद्दे को ख़ूब वैचारिक तर्कों के साथ सार्वजनिक मंचों पर उठाया और प्राविंशियल कांग्रेस कमिटी से आग्रह किया कि वह इस मामले में हस्तक्षेप करें और उचित निर्णय दे।

कांग्रेस के ब्राह्मण नेताओं का ज़हरीला गठजोड़

इसके बाद इस मामले में आवश्यक कार्यवाही के लिए एक कमेटी बनाई गई। इस कमेटी द्वारा जाँच में यह पाया गया कि लगाए गए आरोप सही हैं। इसके बाद कांग्रेस के ब्राह्मण नेता जैसे कि सी. राजगोपालाचारी, टी.एस.एस.एस. राजन, के. संथानम, विजयरंगावचारीयार एकदम से अपने ब्राह्मण मित्र सुब्रमण्यम अय्यर के बचाव में उतर पड़े। इन नेताओं की सलाह और समर्थन के कारण सुब्रमण्यम अय्यर की हिम्मत और बढ़ गई और उन्होंने अपने स्कूल में हो रहे इस भेदभाव को बंद करने से साफ़ इनकार कर दिया। उन सभी ब्राह्मण नेताओं ने कहा कि हज़ारों साल से चली आ रही परंपरा अचानक बंद नहीं की जा सकती। अपना निर्णय सुनाते हुए उन्होंने तर्क दिया कि वह ब्राह्मणों की धार्मिक भावनाओं को चोट नहीं पहुँचा सकते। सुब्रमण्यम अय्यर ने जब अपना फ़ैसला सुनाया तो ग़ैर ब्राह्मण नेताओं ने एक नई माँग उठाई कि अभी तक स्कूल को जितना भी अनुदान दिया गया है वह उन्हें वापस लौटाया जाए। यह अनुदान मुख्य रूप से ग़ैर ब्राह्मण लोगों द्वारा ही दिया जा रहा था, इसलिए इसे वापस माँगने का उन्हें अधिकार था। बहुत जल्दी ही मामला तूल पकड़ गया और तमिलनाडु कांग्रेस के अलावा अन्य राज्यों के कांग्रेस नेताओं सहित आख़िर में गांधी तक यह बात पहुँच गई। क्योंकि यह मामला तमिलनाडु कांग्रेस से और विशेष रूप से बच्चों के स्कूल से जुड़ा हुआ था इसके बारे में जनता में किसी भी तरह की नकारात्मक बातचीत से कांग्रेस की छवि को नुकसान हो सकता था।

गांधी का 'विचित्र समझौतावादी' हस्तक्षेप

उस समय गांधी वर्धा आश्रम में थे, पेरियार और रामनाथन ने उनसे आग्रह किया कि इस मुद्दे पर हस्तक्षेप करें। अपना निर्णय देते हुए गांधी ने कहा कि जिन दो ब्राह्मण बच्चों को अभी तक अलग बैठा कर भोजन कराया जा रहा है वह जारी रखा जा सकता है लेकिन भविष्य में ऐसे किसी भेदभाव को बढ़ावा नहीं देना चाहिए।[2] गांधी द्वारा प्रस्तावित इस समझौते के फ़ार्मूले से कोई फ़ायदा नहीं हुआ। सभी में फिर से कल्याण सुंदरम सुब्रमण्यम अय्यर से निवेदन किया कि वे स्कूल की कार्यप्रणाली बदलें लेकिन अय्यर ने फिर से इस बात को अनदेखा कर दिया।

इधर ब्राह्मण और ग़ैर ब्राह्मण में भेदभाव करने की इस घटना को पेरियार जिस ढंग से और जिस गहराई से समझ रहे थे, गांधी उसे उस तरीक़े से नहीं देख पा रहे थे। इसीलिए अय्यर सार्वजनिक रूप से अपनी निंदा होने के बावजूद अपना रवैया नहीं बदल रहे थे।

पेरियार के साथ धोखा और गुरुकुलम का पतन

पेरियार ने भी कहा कि जब तक गांधी द्वारा दिए गए समाधान को लागू नहीं किया जाता तब तक बकाया पाँच हज़ार रुपये जारी नहीं किए जाएँगे। लेकिन अय्यर ने पेरियार को बताए बिना तत्कालीन तमिलनाडु कांग्रेस के संयुक्त सचिव से साँठगाँठ करके अनुदान का वह आधा हिस्सा हासिल कर लिया। यह सीधे-सीधे स्कूल के सचिव के अधिकार और उनके निर्णय की अवमानना थी। जब पेरियार को इस बात का पता चला तो उन्होंने अय्यर से अकेले में बात करके इस मामले को नहीं सुलझाया बल्कि इसके विपरीत उन्होंने इस मामले को जन सभाओं के माध्यम से उठाया और इस रूप में जो कुछ चल रहा था उसके बारे में जनता को सब कुछ बताया। आख़िर में विवाद बढ़ता ही गया और सभी बच्चे गुरुकुलम छोड़कर जाने लगे, इस तरह गुरुकुलम धीरे-धीरे अपनी मौत ख़ुद ही मर गया। इसी मुद्दे पर अय्यर ने भी कांग्रेस से इस्तीफ़ा दे दिया था।

इस पूरे मामले से पेरियार को एक महत्त्वपूर्ण मुद्दे को उठाने की प्रेरणा मिली। वे आरंभ से ही तमिलनाडु कांग्रेस में ब्राह्मणों के वर्चस्व को देख रहे थे। गुरुकुलम मामले में उन्हें पता चल गया कि ब्राह्मणों के साथ रहकर सामाजिक बदलाव की कोई भी कोशिश पूरी नहीं हो सकती।[3] वे समझ गए कि ब्राह्मण इतने अंधविश्वासी और रूढ़िवादी होते हैं कि तर्कसिद्ध बात को भी लागू करना उनके लिए संभव नहीं होता। यह अंधविश्वास और भेदभाव उन ब्राह्मणों का धर्म है जिसे वे लोग कभी नहीं बदल सकते। ऐसे में किसी भी सामाजिक या राजनीतिक प्रयास के द्वारा समाज में किसी तरह का बदलाव ब्राह्मणों के साथ रहते हुए संभव की नहीं है। इस गुरुकुलम प्रकरण से पेरियार इस कठोर निर्णय तक पहुँचे और जीवन भर इस निर्णय का उन्होंने पालन किया। इसके बाद उन्होंने ब्राह्मणवाद का कठोर विरोध करते हुए ग़ैर-ब्राह्मण राजनीति और समाज-व्यवस्था को मज़बूत बनाने के लिए अपना पूरा जीवन लगा दिया।

प्रतिनिधित्व के प्रश्न पर कांग्रेस से मोहभंग

पेरियार के लिए सामाजिक जीवन में सबके लिए समान अवसर पहली प्राथमिकता थी। एक सभ्य समाज के बारे में उनका कहना था कि सभ्य समाज वह है जिसमें सभी मनुष्यों को उनकी योग्यता और संख्या के अनुसार प्रतिनिधित्व मिल सके। इसीलिए वे करोड़ों द्रविड़ों, दलितों एवं शूद्रों के लिए ही नहीं बल्कि महिलाओं के लिए भी उनकी संख्या के अनुपात में प्रतिनिधित्व की माँग उठाते थे। यह प्रतिनिधित्व शिक्षा, रोज़गार, राजनीति, सार्वजनिक जीवन के अवसर इत्यादि सभी आयामों में होना चाहिए, ऐसा उनका मानना था। स्त्रियों के विषय में विशेष रूप से भी कहते थे कि चूँकि स्त्रियाँ मनुष्यता का आधा हिस्सा हैं, इसलिए उन्हें समाज के जीवन के हर आयाम में 50% आरक्षण मिलना चाहिए। आरक्षण को वे एक वैध सामाजिक, राजनीतिक प्रतिनिधित्व के रूप में देखते थे। ब्रिटिश भारत में जब आरक्षण और प्रतिनिधित्व के सम्बन्ध में अंग्रेज़ सरकार ने पहल की तब पेरियार ने इस मुद्दे को तुरंत अपने हाथ में ले लिया। वे चाहते थे कि जिस प्रकार ब्रिटिश सरकार सामुदायिक प्रतिनिधित्व का अवसर निर्मित कर रही है, उसी तरह भारत के समाज और विशेष रूप से कांग्रेस पार्टी को आगे होकर समान प्रतिनिधित्व के लिए सकारात्मक वातावरण बनाना चाहिए।

प्रतिनिधित्व का प्रश्न और ब्राह्मण

लेकिन इस मुद्दे पर भारतीय राष्ट्रीय कांग्रेस में बैठे हुए ब्राह्मण राज़ी नहीं हुए। वे नहीं चाहते थे कि ग़ैर ब्राह्मणों को, शूद्रों को, दलितों और स्त्रियों को उनकी संख्या के अनुसार उचित प्रतिनिधित्व मिले। वे चाहते थे कि सदियों से जिस तरीक़े से केवल ब्राह्मणों को ही सारे अवसर मिल रहे हैं वही परंपरा जारी रहे। इसीलिए पेरियार इन सभी ब्राह्मणों के खिलाफ़ मैदान में उतर आए। आरक्षण और प्रतिनिधित्व के मामले में संघर्ष करते हुए पेरियार ने सबसे ग़रीब लोगों को शिक्षा, रोज़गार और राजनीतिक अवसरों के लिए लड़ने के लिए लामबंद किया।

यह अपने-आप में एक बहुत बड़ी घटना है। अभी तक के सारे सामाजिक या धार्मिक सुधार लोगों की मनोवृत्ति या एक-दूसरे के प्रति नज़रिया बदलने के लिए समर्पित रहे थे। इस बात को हमें ठीक से समझना चाहिए। ऐसे नज़रिया बदलने से बहुत कुछ हल नहीं हो जाता है। समाज में वास्तविक एवं स्थाई बदलाव तब आता है जबकि भौतिक एवं आर्थिक संसाधनों पर ग़रीबों और वंचितों को अधिकार करने का अवसर मिलता है।[1] पेरियार ने जब आरक्षण और प्रतिनिधित्व की बात उठाई तब भारत में एक अनोखा संघर्ष शुरू हुआ। यह संघर्ष पहली बार लोगों का धार्मिक, नैतिक या आध्यात्मिक नज़रिया बदलने की बजाय भौतिक संसाधनों और आर्थिक अवसरों के लिए सबसे ग़रीब लोगों को संगठित कर रहा था।

इसके पीछे पेरियार की अपनी विशिष्ट भौतिकवादी और अनीश्वरवादी विचारधारा और ज़मीनी संघर्ष करने की शैली काम कर रही थी। यह संघर्ष छोटे-मोटे बदलाव लाने के लिए या फिर शोषण करने वाली ऊँची जाति के हिन्दू लोगों का हृदय परिवर्तन करके उनकी कृपा या मदद पाने के लिए नहीं था। बल्कि यह संघर्ष समाज की सोच-समझ और व्यवस्था में सामाजिक न्याय के नज़रिए से एक स्थाई बदलाव लाने के लिए समर्पित था। इसीलिए इस आंदोलन की जो माँग थी वह गांधी के द्वारा उठाई गई माँगों के समान नहीं थी, बल्कि वह डॉ. अंबेडकर द्वारा सुझाए गए स्थाई बदलाव के अधिक निकट थी। अपने जीवन के अब तक के अनुभव में पेरियार ने जितने भी सामाजिक, राजनीतिक काम किए थे उसके ज़रिए उन्हें बहुत सारी बातें समझ में आ चुकी थीं। उन्हें पता चल गया था कि ग़ैर ब्राह्मण समाज के साथ ब्राह्मणों द्वारा भयानक भेदभाव और छल-प्रपंच किया जाता रहा है। इसीलिए वे ग़ैर ब्राह्मण समाज को सशक्त और जागरूक बनाने के लिए काम कर रहे थे।

जस्टिस पार्टी की प्रतिनिधित्व की माँग और पेरियार

पेरियार के समय में जस्टिस पार्टी का उदय ब्राह्मण और ग़ैर ब्राह्मण राजनीति के तनाव के बीच एक अनोखी घटना थी। मद्रास प्रेसीडेंसी एसोसिएशन की स्थापना जब 1917 में हुई तब इसके ज़रिए ब्राह्मण और ग़ैर ब्राह्मण राजनीतिक विचारधाराओं का संघर्ष सबके सामने आ चुका था। मद्रास प्रेसीडेंसी एसोसिएशन के लिए पेरियार को उपाध्यक्ष चुना गया। इसी एसोसिएशन की दूसरी सभा के लिए उन्होंने 1919 में इरोड में एक बड़ा आयोजन किया। इसी दौरान सन् 1919 में ब्रिटिश सरकार द्वारा गवर्नमेंट ऑफ़ इंडिया एक्ट द्वारा सांप्रदायिक प्रतिनिधित्व योजना

को विस्तार दिया गया। सांप्रदायिक प्रतिनिधित्व की ये योजनाएँ मिंटो मार्ले सुधार के द्वारा पहली बार पेश की गई थीं। इस व्यवस्था के ज़रिए विधायिका में सीटों का बँटवारा सांप्रदायिक प्रतिनिधित्व के आधार पर किया जाता था। इस हिसाब से 'मद्रास लेजिस्लेटिव काउंसिल' में नियमानुसार ग़ैर ब्राह्मणों के लिए 28 सीटें मिलने वाली थीं। हालाँकि सांप्रदायिक या जातीय प्रतिनिधित्व के लिए पहले से ही माँगें उठ रही थीं। महाराष्ट्र में कोल्हापुर के राजा छत्रपति शाहूजी महाराज ने मांटेग्यू सुधार की घोषणा के पहले ही इस तरह की एक माँग उठाई थी।

होमरूल की माँग और प्रतिनिधित्व का सवाल

उस ज़माने में ब्रिटिश भारत में ब्राह्मण नेताओं के द्वारा 'होमरूल' की माँग की जा रही थी। कोल्हापुर महाराज सहित दक्षिण के कई ब्राह्मण नेताओं को इस बात का डर था कि अगर ऐसा कोई होमरूल अंग्रेज़ों की मर्ज़ी से लागू होता है तो उसमें ब्राह्मणों का अधिपत्य होगा। इस प्रकार होमरूल असल में ब्राह्मण रूल में बदल जाएगा। इसे रोकने के लिए ग़ैर ब्राह्मण समुदायों को शासन-प्रशासन सहित स्थानीय स्तर पर रोज़गार में भी सांप्रदायिक या जातीय आधार पर प्रतिनिधित्व देना चाहिए। पेरियार एवं अन्य ग़ैर ब्राह्मण नेताओं ने सोचा कि अगर अंग्रेज़ सरकार इस तरह का इंतज़ाम कर सकती है तो कांग्रेस को भी अपने भीतर ऐसी व्यवस्था लागू करनी चाहिए। इस बात के लिए उन्होंने कांग्रेस पर दबाव डाला कि वह अपने भीतर ग़ैर ब्राह्मणों को उनकी संख्या के आधार पर प्रतिनिधित्व दे।

तिरुनेलवेली अधिवेशन में 'ब्रह्मलीला'

ऐसी उम्मीद अपने दिल में लिए पेरियार ने सन् 1920 में तिरुनेलवेली में कांग्रेस अधिवेशन के दौरान सांप्रदायिक प्रतिनिधित्व का प्रस्ताव रखा। उनकी इच्छा यह थी कि इस प्रस्ताव के ज़रिए शिक्षा और रोज़गार के क्षेत्र में ब्रिटिश शासन द्वारा लागू कम्युनल रिप्रेज़ेंटेशन का सिद्धांत स्वीकार कर लिया जाए। इस प्रकार वे ग़ैर ब्राह्मण समुदाय के लोगों के बेहतर प्रतिनिधित्व को सुनिश्चित करना चाहते थे। लेकिन जैसे ही पेरियार ने यह प्रस्ताव रखा तो ब्राह्मण समुदाय ने सभा परिसर में शोर-शराबा और अव्यवस्था फैला दी। इस उपद्रव का बहाना लेकर सम्मेलन की अध्यक्षता कर रहे ब्राह्मण नेता श्रीनिवास अयंगर ने घोषणा की कि इस मुद्दे पर खुले अधिवेशन में चर्चा करना ठीक नहीं होगा। उन्होंने कारण बताते हुए

कहा कि अगर हम ऐसा करेंगे तो सांप्रदायिक और जातीय संघर्ष पैदा हो जाएगा। पेरियार ने बहुत कोशिश की लेकिन उनकी एक नहीं सुनी गई और तिरुनेलवेली अधिवेशन में उनकी माँग ठुकरा दी गई।

तंजावुर अधिवेशन में दुबारा कोशिश और फिर असफलता

लेकिन उन्होंने हार नहीं मानी और भारत के करोड़ों दलितों, द्रविड़ों और अन्य ग़ैर ब्राह्मणों को हक दिलाने के लिए 1921 के तंजावुर वार्षिक अधिवेशन में फिर से यह प्रस्ताव सामने रखा। उस समय सी. राजगोपालाचारी जो कि ख़ुद एक ब्राह्मण नेता थे उन्होंने फिर से इस प्रस्ताव को रखने से रोक दिया। उनका तर्क था कि कांग्रेस के सभी नेता इस प्रस्ताव की मूल आत्मा से सहमत तो हैं, लेकिन व्यवहार में इसे पारित करने का सही समय अभी नहीं आया है।[1] पेरियार को यह बात सुनकर बहुत आश्चर्य हुआ कि जिन सी. राजगोपालाचारी के महान सिद्धांतों से प्रभावित होकर वे ख़ुद कभी कांग्रेस में आए थे, आजकल वे कैसी बातें कर रहे हैं। पेरियार यह सोचने लगे कि अगर सिद्धांत में यह बात इन ब्राह्मणों के लिए सही है तो इन बातों को व्यवहार में लाने में क्या दिक्क़त हो सकती है? और कांग्रेस पार्टी ही अगर इस सिद्धांत को व्यवहार में नहीं लाएगी तो और कौन लाएगा?

तिरुपुर, सलेम और तिरुवन्नामलाई अधिवेशन में बारंबार कोशिशें

पेरियार ने तीसरी बार सन् 1922 में तिरुपुर कांग्रेस अधिवेशन में यही प्रस्ताव वापस रखने की कोशिश की। ब्राह्मण नेताओं को मालूम था कि पेरियार फिर से यह प्रस्ताव लेकर आएँगे, इसलिए वे पहले से ही तैयार थे। कांग्रेस के ब्राह्मण नेताओं ने इस प्रस्ताव को फिर से ठंडे बस्ते में डालने के लिए इस बार नए तर्क दिए। उन्होंने अपने प्राचीन शास्त्रों, स्मृतियों और वेद पुराणों से तरह-तरह के उद्धरण देते हुए कहा कि जातीय आधार पर समाज को प्रतिनिधित्व देना भारत की प्राचीन धार्मिक एवं सामाजिक व्यवस्था के खिलाफ़ है। इन सब बातों को सुनकर पेरियार के मन में जैसे आग सी लग गई। वह बचपन से अभी तक इन्हीं धार्मिक ग्रंथों और इनके अंधविश्वासों से लड़ते आए थे। तिरुपुर कांग्रेस के अधिवेशन में जैसे ही उन्होंने इन अंधविश्वासों की गूँज दोबारा सुनी वैसे ही वे इन धर्म ग्रंथों और इनके अंधविश्वासों का खंडन करने के लिए कूद पड़े।

पेरियार ने उन सभी ब्राह्मणों के तर्कों का खूब तार्किक और कठोर उत्तर दिया। अपनी बात रखते हुए उन्होंने यहाँ तक कह दिया कि *मनुस्मृति*

और *रामायण* जैसे ग्रंथों को जला देना चाहिए। आगे सन् 1923 में सलेम में कांग्रेस के अधिवेशन में उन्होंने यह प्रस्ताव फिर से रखा लेकिन फिर से दोनों पक्षों में भयानक वाद-विवाद हुआ। और इस तरह चौथी बार भी यह प्रस्ताव पास नहीं हो सका। इसके बाद फिर 1924 में भी तिरुवन्नामलाई के कांग्रेस अधिवेशन में पेरियार ने यही प्रस्ताव रखा और इस बात पर ज़ोर दिया कि कम्युनल रिप्रेज़ेंटेशन को लागू करना बहुत ज़रूरी है। लेकिन पेरियार के बराबर ज़ोर देने के बावजूद ब्राह्मण नेताओं ने उनकी एक नहीं सुनी और यह प्रस्ताव बार-बार हारता गया।

कांचीपुरम अधिवेशन में छठा प्रयास और यादगार भाषण

इसके बाद 1925 में कांचीपुरम के कांग्रेस अधिवेशन में छठवीं बार यह प्रस्ताव रखा गया। इस समय तक आते-आते इस मुद्दे पर पेरियार और ग़ैर ब्राह्मण नेताओं का अपना एक समूह बन गया था और दूसरी तरफ़ ब्राह्मण नेताओं का अपना एक समूह बन गया था।[3] इन दोनों समूहों में वैचारिक रूप से मतभेद इतना बढ़ गया था कि इनके बीच में कोई बातचीत संभव ही नहीं थी। इस प्रस्ताव का बारंबार विरोध करने वाले सभी प्रमुख नेता ब्राह्मण समुदाय के थे। पेरियार इस बात को बहुत गहराई से समझ रहे थे, वे अच्छे से समझ गए थे कि ब्राह्मणों का आपस में एक षड्यंत्रकारी गठजोड़ बन चुका है, जो उनके प्रयासों को कभी सफल नहीं होने देगा। पेरियार ने इस बात पर बहुत गहराई से विचार किया और कांग्रेस छोड़ने का निर्णय ले लिया। न केवल उन्होंने कांग्रेस छोड़ दी बल्कि उसी साल कांचीपुरम में एक ग़ैर ब्राह्मण कांग्रेस की भी शुरुआत कर दी।

इस बिंदु तक आते-आते पेरियार का स्पष्ट निर्णय बन चुका था कि कांग्रेस पार्टी ब्राह्मणों की ग़ुलाम बन चुकी है और इसमें ब्राह्मणों के हित के अलावा और किसी वर्ग या वर्ण का हित नहीं हो सकता।[4] इस अधिवेशन में उन्होंने जो भाषण दिया वह बहुत महत्त्वपूर्ण है। इस भाषण में उन्होंने अन्य ब्राह्मण नेताओं के साथ-साथ गांधी का भी बहुत विरोध किया। उन्होंने कहा कि :

> हम सभी बलिदान देने की बात करते हैं ऐसे में अगर हम स्वराज हासिल कर लेते हैं तो यह स्वराज सभी के लिए होना चाहिए। हमारे लोगों के मन में एक भय है कि अगर स्वराज मिल भी गया तो वह स्वराज नहीं बल्कि ब्राह्मणराज होगा। इसलिए हमें उनके मन में विश्वास जगाना होगा। विभिन्न भारतीय समुदायों को एक-दूसरे के प्रति मैत्रीपूर्ण नज़रिया रखना चाहिए।

हमें सुनिश्चित करना चाहिए कि हर समुदाय सुरक्षित महसूस करे लेकिन हमारे लोग आज दयनीय हालत में हैं वे बोल नहीं पा रहे हैं इस स्थिति को ठीक करने के लिए एक ही रास्ता है कि जीवन के हर स्तर पर वैधानिक प्रतिनिधित्व देकर हम सामाजिक न्याय को स्थापित करें।[5]

ब्राह्मणवाद और कांग्रेस को ख़त्म करने का संकल्प

आख़िर में इतने लंबे संघर्ष का परिणाम यह हुआ कि 15 दिसंबर 1928 को एक सामान्य आदेश पारित करके ब्राह्मणों, ग़ैर ब्राह्मणों के सहायकों, मुसलमानों और दलितों को सरकारी कार्यालयों में संख्या के अनुपात में प्रतिनिधित्व का अधिकार दे दिया गया। लेकिन इस सब के दौरान जो अनुभव पेरियार को हुआ वह बहुत ही महत्त्वपूर्ण था। उन्हें अपने भविष्य की राजनीति और सामाजिक बदलाव के कार्यों के लिए एक साफ़ दिशा मिल चुकी थी। पेरियार ने तय कर लिया था कि अब उनका पूरा जीवन ब्राह्मणवाद को जड़ से उखाड़ने और कांग्रेस को ख़त्म करने के लिए समर्पित होगा।[6] पेरियार जो कि गांधी के द्वारा तय किए गए कांग्रेस के उसूलों पर इतनी शिद्दत से चलते हुए काम कर रहे थे, उनका इस तरह कांग्रेस छोड़ देना एक छोटी-सी घटना नहीं है बल्कि इसके पीछे पूरी लंबी प्रक्रिया रही है। हमें यह नहीं मानना चाहिए कि केवल कांचीपुरम अधिवेशन और समान प्रतिनिधित्व का मामला ही उनके लिए कांग्रेस छोड़ने का कारण बना। हमें इस मुद्दे पर इससे भी गहरे जाकर देखना चाहिए, क्योंकि पेरियार के हृदय में कांग्रेस के प्रति असंतोष और भी बहुत सारे कारणों से पनप रहा था। इन बातों का यहाँ संक्षेप में उल्लेख किया जाना ज़रूरी है। असल में सन् 1919 से 1925 के बीच का समय है जिसमें वे कांग्रेस से लगातार असंतुष्ट होते जा रहे थे।

कांग्रेस से असंतोष के कुछ अन्य कारण

कांग्रेस के प्रति असंतोष का उनका पहला अनुभव कांग्रेस के त्रिपुरा अधिवेशन में 1922 में हुआ। इस अधिवेशन में उन्होंने भारत के करोड़ों द्रविड़ों, शूद्रों, पिछड़ी जाति के लोगों और स्त्रियों के लिए हिन्दुओं के मन्दिर में प्रवेश करने का अधिकार देने की बात कही। साथ ही उन्होंने जाति व्यवस्था को ख़त्म करने के लिए एवं सांप्रदायिक प्रतिनिधित्व देने के लिए भी माँग उठाई। लेकिन इन सभी प्रस्तावों के खिलाफ़ ब्राह्मण नेता उठ खड़े हुए और उन्होंने पेरियार का प्रस्ताव गिरा दिया।[7] इस प्रस्ताव के गिर जाने के कारण सार्वजनिक रूप से पेरियार की बदनामी हुई। अपने प्रस्ताव के गिर जाने से हुई बदनामी उनके लिए कोई बड़ी बात नहीं थी।

बड़ी बात यह थी कि नैतिकता और न्याय के आग्रह पर खड़े उनके प्रस्ताव को ब्राह्मणवादी षड्यंत्र ने गिरा दिया था।

इस घटना एवं इस दुखद अनुभव के बाद एक अन्य अपमानजनक अनुभव उन्हें पेरियाकुलम और डिंडुगुल नामक स्थान पर हुआ। पेरियार श्रीनिवास अयंगर के साथ कांग्रेस का प्रचार करने के लिए इस स्थान पर आए हुए थे। इस प्रचार कार्य के दौरान पेरियार और उनके मित्र को एक कांग्रेसी नेता ने अपने घर दोपहर के भोजन के लिए बुलाया। यह कांग्रेसी नेता असल में एक ब्राह्मण सज्जन थे। जैसे ही भोजन शुरू हुआ पेरियार को कहा गया कि ब्राह्मणों के साथ बैठकर भोजन नहीं कर सकते। उन्हें ब्राह्मणों से दूर बैठकर अलग स्थान पर भोजन करना पड़ा। इतना ही नहीं उन्हें जो भोजन दिया गया था उसे पत्तों में लपेट कर ही परोस दिया गया, अन्य ब्राह्मणों की तरह उन्हें थाली में सजाकर नहीं दिया गया। यह व्यक्तिगत रूप से पेरियार के लिए ठीक वैसा ही अनुभव था जैसा उन्होंने कई साल पहले काशी में देखा था। वे इस बात से बार-बार परेशान होते रहे कि भारतीय राष्ट्रीय कांग्रेस के पढ़े-लिखे और ज़िम्मेदार नेता भी एक रूढ़िवादी ब्राह्मण की तरह उनके सामने पेश आ रहे हैं। यह बात उनके हृदय में एक कांटे की तरह चुभती रही और भविष्य में इसी बात ने उन्हें बहुत सारे निर्णय लेने के लिए मजबूर किया।[8]

ठीक ऐसी ही एक अन्य अपमानजनक घटना उनके साथ तंजावुर में घटी। तंजावुर शहर में अपने कांग्रेसी मित्र वेंकटसामी पिल्लई के साथ वे एक बार पेरियाकुलम की यात्रा पर थे। इस यात्रा के दौरान उन्हें एक बड़े ब्राह्मण वकील के घर रुकवाया गया। यहाँ उनके साथ और अधिक अपमानजनक घटना घटी, जब दोपहर के भोजन का समय हुआ तब उन्हें उस जगह पर भोजन दिया गया जहाँ उन्होंने सुबह नाश्ता किया था। सुबह नाश्ते के लिए इस्तेमाल की इस जगह पर सुबह का बचा हुआ खाना अभी तक साफ़ भी नहीं किया गया था। एक गंदे स्थान पर बैठाकर पेरियार को भोजन कराना अपने-आप में बड़ा विचित्र था।[9] यह बात देखकर पेरियार दंग रह गए कि एक पढ़े-लिखे ब्राह्मण वकील के घर में उनके साथ यह व्यवहार कैसे हो सकता है? लेकिन वह मन मसोसकर रह गए क्योंकि वह ब्राह्मण परिवार में मेहमान की तरह आए थे। हालाँकि वह समझ रहे थे कि उनके साथ यह सब क्यों हो रहा है। इन सब अपमानजनक अनुभवों के बावजूद वह कांग्रेस एवं ब्राह्मणों के साथ मिलकर काम करते रहे। हालाँकि बीच-बीच में वे ब्राह्मणों की सर्वोच्चता को चुनौती भी देते रहे। अब आगे उनके लिए सारी लड़ाई आत्म-सम्मान की लड़ाई में तब्दील होती जा रही थी।

आत्म-सम्मान आंदोलन

आत्म-सम्मान आंदोलन पेरियार की वैचारिकी और संगठन क्षमता के परिपक्व हो जाने के बाद आने वाला सबसे महत्त्वपूर्ण पड़ाव है जिसने पूरे दक्षिण भारतीय समाज का नज़रिया ही बदल दिया। आत्म-सम्मान आंदोलन जिन मुद्दों को उठा रहा था वे मनुष्य के जीवन की नैतिकता, प्राकृतिक न्याय, सामाजिक जीवन के शिष्टाचार और सभ्यता से जुड़े हुए थे। जाति अथवा सांप्रदायिक प्रतिनिधित्व के मुद्दे पर पेरियार ने 1925 में कड़वे अनुभव के साथ कांग्रेस छोड़ दी। उन्होंने घोषणा की कि कांग्रेस के ज़रिए ग़ैर ब्राह्मण समुदायों की भलाई के लिए कोई भी काम नहीं हो सकता। जब तक कांग्रेस में ब्राह्मणों का दबदबा बना हुआ है तब तक समाज में ग़ैर ब्राह्मणों के लिए सभी तरह का सामाजिक या राजनीतिक बदलाव कांग्रेस के ज़रिए संभव ही नहीं है। इसी बात को ध्यान में रखते हुए उन्होंने कांग्रेस छोड़ी थी और वे कांग्रेस से मुक्त होकर अपनी स्वयं की योजना के अनुसार समाज में बदलाव लाने के लिए निकल पड़े।

आत्म-सम्मान की मूल प्रेरणा

आत्म-सम्मान आंदोलन की शुरुआत जैसा कि इसके नाम से स्पष्ट है, किसी अपमान की टीस से हुई थी। निश्चित ही यह अपमान जाति और वर्ण के आधार पर खड़े धार्मिक ढकोसलों के कारण हो रहा था। इसीलिए आत्म-सम्मान आंदोलन के ज़रिए ब्राह्मणवाद, हिन्दू धर्म और हिन्दू धर्म के सभी धर्म शास्त्रों को निशाने पर लिया गया। जब पेरियार अपने सामाजिक जीवन की शुरुआत कर रहे थे तभी उनके चारों तरफ़ हिन्दू धर्म के ज़हरीले एवं भेदभावपूर्ण सिद्धांतों का बोलबाला था। उस समय समाज में ऐसी स्थिति थी कि ऊँची जाति के हिन्दू लोग पिछड़ों और दलितों के साथ बैठना-उठना भी पसंद नहीं करते थे। वे एक-दूसरे के घर नहीं आते-जाते थे। ऐसे में एक-दूसरे के साथ भोजन करने की कोई कल्पना भी नहीं की जा सकती।

ऐसे में पेरियार को अपने परिवार से साफ़ हिदायत मिली थी कि नीची जाति के लोगों के साथ न तो उन्हें भोजन करना चाहिए न ही पानी पीना चाहिए। बचपन से ही उन्हें हिदायत दी गयी थी कि अगर उन्हें बहुत ज़ोर की प्यास लगती भी है तो उन्हें दौड़कर अपनी ऊँची जाति के शिक्षक के घर जाना चाहिए और वहाँ पानी पीना चाहिए। यह भी कहा गया था कि क्योंकि उनके शिक्षक शुद्ध शाकाहारी व्यक्ति हैं और ऊँची जाति 'ओदूवार' से आते हैं इसलिए दूसरों की तुलना में ज़्यादा पवित्र हैं। इसीलिए उनके घर से ही पानी पीना उचित होगा और स्कूल के आस-पास जितने अछूतों के मकान बने हैं वहाँ पर बिलकुल नहीं जाना है। एक दिन पेरियार को बहुत प्यास लगी। उन्होंने सोचा कि वह अपने दोस्तों के साथ जाकर उनके घर में पानी पी आयें। उनका दोस्त चेट्टियार जाति का था, जो कि एक सम्मानित वैश्य जाति मानी जाती है। पेरियार जब अपने दोस्त के घर पानी पी रहे थे तब घर की एक स्त्री ने उन्हें देख लिया। उस स्त्री ने अपने बेटे को कहा कि पेरियार ने जिस बर्तन से पानी पिया है उसे धो कर रख दो। यह बड़ी विचित्र स्थिति थी कि दो मित्र एक-दूसरे के घर इंसानों की तरह पानी भी नहीं पी सकते। पेरियार के हृदय पर इस घटना का बड़ा प्रभाव पड़ा।

अगले दिन उन्होंने एक अन्य मित्र के घर जाकर पानी पिया जो कि पिछड़ी जाति से आते थे और बाँस की टोकरी बनाने का काम करते थे। ऐसे लोगों से उनकी मित्रता बढ़ती गई और वे उनके घर खाना भी खाने लगे। धीरे-धीरे ये बातें पेरियार के घर तक पहुँच गईं और उनके घर वाले बहुत नाराज़ हुए। उनका परिवार एक रूढ़िवादी और बहुत ही धार्मिक वैष्णव परिवार था जोकि छुआछूत में भरोसा रखता था। इसलिए जब उन्हें पता चला कि उनका बेटा छोटी जाति के लोगों के घर में खाना खाता है और पानी पीता है तब उन्हें बड़ा गुस्सा आया और उन्होंने बालक पेरियार को डरा-धमकाकर समझाने की कोशिश की।

इस समय पेरियार की उम्र 10 वर्ष के आस-पास थी और वह चीज़ों को अपने मन में नोट करने लगे थे। इन बातों का उनके जीवन भर की वैचारिक प्रक्रिया पर बहुत गहरा असर पड़ा। अनुभव ने उन्हें बाद में आत्म-सम्मान आंदोलन जैसे आंदोलन की रचना करने के लिए प्रेरित किया। वह अपने अनुभव से जानते थे कि आत्म-सम्मान को लगने वाली चोट के कारण ही भारत के करोड़ों दलित, बहुजन और द्रविड़ लोग अपनी शारीरिक, मानसिक क्षमताओं का ठीक से विकास नहीं कर पाते हैं और इस राष्ट्र के विकास में योगदान नहीं दे पाते हैं। पेरियार मानते थे कि जाति व्यवस्था एवं ब्राह्मण धर्म के कारण ही भारत का समाज इतना डरपोक और पिछड़ा बना हुआ है। इस पिछड़ेपन को दूर करने के लिए

उन्होंने अपने प्रति और अपने व्यक्तित्व के प्रति आत्म-सम्मान जगाने का अभियान छेड़ दिया।

आत्म-सम्मान शब्द का मूल अर्थ

'आत्म-सम्मान' शब्द तमिल भाषा के शब्द 'सुयामरियाथाई' से लिया गया है, यह दो तमिल शब्दों 'सुया' जिसका अर्थ है 'स्व' और 'मरियाथाई' जिसका अर्थ है 'सम्मान' का संयुक्त रूप है इस आंदोलन का उद्देश्य करोड़ों द्रविड़ों, शूद्रों, दलित-बहुजनों और स्त्रियों के बीच आत्म-सम्मान की भावना पैदा करना और हर तरह के जाति और लिंग आधारित भेदभाव को ख़त्म करना था। आत्म-सम्मान आंदोलन तमिलों को 'गर्व की भावना देने' के विचार को समर्पित था। यह गौरव तमिल संस्कृति के ग़ौरवशाली अतीत में निहित था। शुरुआत में पेरियार ने आंदोलन का लक्ष्य घोषित किया कि अंधविश्वासों से मुक्त होकर सभी सामाजिक बुराइयों के उन्मूलन के साथ समान अधिकारों के साथ जातिविहीन और वर्गविहीन समाज की स्थापना की जाए। इसका उद्देश्य संपत्ति के अधिकार सहित पुरुषों के साथ स्त्रियों को पूर्ण समानता देना, स्त्रियों की शिक्षा और विधवा पुनर्विवाह को बढ़ावा देना भी था।

सभी जाति विरोधी आंदोलनों का उद्देश्य भारतीय समाज में दलित-बहुजन के लिए समान अवसर और समान सम्मान है। आत्म-सम्मान आंदोलन की स्थापना एस. रामनाथन ने की थी जो 1937 की कांग्रेस के नेतृत्व वाली सरकार में मद्रास प्रेसीडेंसी के मंत्री थे। 1925 में रामनाथन ने पेरियार को तमिलनाडु में आत्म-सम्मान आंदोलन का नेतृत्व करने के लिए आमंत्रित किया। पेरियार का मानना था कि आत्म-सम्मान की भावना किसी भी व्यक्ति के लिए हर तरह के शोषण से बाहर निकलने की कुंजी है। पेरियार जल्द ही इस आंदोलन के नेता बन गए, उस समय के उनके प्रसिद्ध वक्तव्य और भाषण अभी भी हमारे लिए प्रासंगिक हैं। उन्होंने कहा था कि हम आत्म-सम्मान के बारे में सोचने के लिए तभी काबिल बन सकेंगे जब हम 'श्रेष्ठ' और 'नीच' जाति की धारणा को हमारी ज़मीन से उखाड़कर फेंक दिया जाए।

आत्म-सम्मान और समानता की बात एक साथ

पेरियार के आत्म-सम्मान आंदोलन में शामिल होने के बाद उन्होंने और उनके अनुयायियों ने जाति और लिंग पर आधारित सामाजिक असमानताओं को मिटाने के लिए एक नया अभियान शुरू किया। इस आंदोलन की शुरुआत से ही भारत

के ग़ैर-ब्राह्मणों या द्रविड़ों के लिए समान अवसरों और सम्मान को पुनः प्राप्त करने पर ज़ोर दिया गया था। यह आंदोलन ग़ैर-ब्राह्मणों को उनके द्रविड़ अतीत के आधार पर गर्व की भावना देने के लक्ष्य को समर्पित था। 1952 में पेरियार के नेतृत्व में आत्म-सम्मान आंदोलन एक संस्था के रूप में पंजीकृत किया गया था। पंजीकृत संस्था ने सार्वजनिक रूप से अपनी सामाजिक और राजनीतिक गतिविधियों के लिए अपने उद्देश्यों और लक्ष्यों की घोषणा की। इस आंदोलन से दलित-बहुजनों में जागरूकता और आशा की भारी लहर पैदा हो गई।

पेरियार ने सार्वजनिक स्थानों और सुविधाओं तक समान पहुँच सुनिश्चित करने के लिए संघर्ष शुरू कर दिया। तत्कालीन सरकार ने इस पर ध्यान दिया और यह आंदोलन की लोकप्रियता और आम जनता के बीच बढ़ते असर से घबरा गयी। सरकार को लगा कि अगर यह आंदोलन बढ़ता है तो वे इस पर नियंत्रण नहीं कर पाएँगे। सरकार की लाख कोशिशों के बावजूद आंदोलन का जनता के बीच में प्रभाव और उसका विस्तार बढ़ता रहा। इस आंदोलन की आंतरिक संरचना ही कुछ ऐसी थी की सभी दलितों, पिछड़ों और वंचितों को इसमें उम्मीद नज़र आने लगी। विशेष रूप से ब्राह्मणवाद से पीड़ित लोगों के मन में ब्राह्मणों के पाखंड से छूटने की इच्छा जो हमेशा से उनके दिल में मचल रही थी, उसके पूरा होने का समय नज़दीक आता हुआ नज़र आया।

आत्म-सम्मान आंदोलन के उद्देश्य

इस आंदोलन के उद्देश्य और शिक्षाएँ भी ग़ौर करने लायक हैं। पेरियार के जीवन काल में उनके क्रांतिकारी कार्यों की ठीक से शुरुआत इसी आंदोलन से होती है। इस आंदोलन से न केवल वे जनता के हृदय में अपना स्थान बनाते हैं, बल्कि अपनी सैद्धांतिक और वैचारिक स्थापनाओं को भी जनता के बीच में स्वीकृत करवाते हैं। पेरियार ने अपने ख़ुद के शब्दों में, अपने कार्यकर्ताओं के शब्दों में कई बार आत्म-सम्मान आंदोलन के उद्देश्य की घोषणा की और समय-समय पर वे इन उद्देश्यों को अनेकों तरीक़ों से दुबारा स्पष्ट करते रहे। यह उनकी काम करने की ख़ास शैली थी जिसके ज़रिए वे आंदोलन के उद्देश्यों को जीवन और समाज की घटनाओं से जोड़कर बार-बार रेखांकित करते थे ताकि कार्यकर्ताओं में उत्साह बना रहे और उनके सामने लक्ष्य का अनुमान बना रहे।

पेरियार के अपने समय में इस आंदोलन के उद्देश्यों को समझाने के लिए दो पर्चों का प्रकाशन हुआ था। इनके नाम थे 'नाममथू कुरिक्कोल' और

'तिरविटककलाका लेटियाम'। इनमें इस आंदोलन के जिन उद्देश्यों की घोषणा की गई थी वे निम्नलिखित हैं :

1. इस आंदोलन का उद्देश्य है समाज में मनुष्य-मनुष्य में भेदभाव सिखाने वाली, जाति और वर्ण का भेदभाव सिखाने वाली, वर्ग के अनुसार भेदभाव सिखाने वाली सामाजिक संरचना का ख़ात्मा करना।

2. इसका उद्देश्य सभी लोगों के लिए समान अवसर प्राप्त करने के लिए काम करना है, चाहे उनके जाति, वर्ण या समुदाय कुछ भी हो। यह आंदोलन क़ानून के अनुसार स्त्रियों के लिए समान दर्जा हासिल करने का प्रयास करेगा।

3. सभी लोगों को विकास और विकास के लिए समान अवसर दिए जाने चाहिए। सभी लोगों के बीच दोस्ती और साथी बनने की भावना स्वाभाविक होनी चाहिए।

4. इस आंदोलन का उद्देश्य छुआछूत को पूरी तरह से समाप्त करना और भाईचारे के आधार पर आपस में जुड़े हुए इंसानों के समाज की स्थापना करना है।

5. अनाथ और विधवाओं के लिए उचित आश्रयों की स्थापना और रखरखाव और शिक्षाप्रद संस्थानों को चलाने के लिए इन्तज़ाम करना।

6. नए मन्दिरों, मठों, धर्मशालाओं या वैदिक स्कूलों के निर्माण हेतु लोगों को हतोत्साहित करना। लोगों को अपने नाम के आगे या पीछे लगने वाले जातिसूचक सम्मान छोड़ने के लिए प्रेरित करना। सामान्य निधियों का उपयोग शैक्षिक उद्देश्य के लिए और बेरोज़गारों के लिए रोज़गार के अवसर पैदा करने के लिए करना।[1]

आत्म-सम्मान आंदोलनः 'पूर्ण स्वतंत्रता की चाभी'

आत्म-सम्मान आंदोलन की शुरुआत में पेरियार ने कहा कि यह आंदोलन द्रविड़ों, पिछड़ों और अछूतों के लिए पूर्ण स्वतंत्रता लेकर आएगा। अपने विचारों में स्पष्टता और आज़ादी के बिना राजनीतिक स्वतंत्रता मिल भी जाए तो उसकी कोई क़ीमत नहीं होती। इसीलिए व्यक्तित्व की आज़ादी, वैचारिक आज़ादी और जातिवाद से आज़ादी ही असली आज़ादी है। इस तरह की असली आज़ादी के साथ ही किसी बेहतर भविष्य की उम्मीद की जा सकती है। पेरियार के लिए आत्म-सम्मान उतना ही ज़रूरी था जितना कि ज़िन्दगी में हवा या पानी की ज़रूरत होती है। पेरियार इसे सर्वोच्च मानव अधिकार के रूप में देखते और दिखाते थे। मनुष्य के लिए यह

उसकी सुयामरियाई (आत्म-सम्मान) की रक्षा उसका जन्मसिद्ध अधिकार है। उस समय में बालगंगाधर तिलक का यह नारा चलता था कि 'स्वराज हमारा जन्मसिद्ध अधिकार है', लेकिन पेरियार कहते थे स्वराज नहीं बल्कि 'आत्म-सम्मान हमारा जन्मसिद्ध अधिकार है और हम इसे लेकर रहेंगे'। पेरियार ने इस आंदोलन को 'अरिवू विदुतलाई अयक्कम' अर्थात् बुद्धि को मुक्ति दिलाने का आंदोलन बताया।[2]

आत्म-सम्मान सम्मेलन (सेल्फ़ रिस्पेक्ट कॉन्फ्रेंस)

इन विचारों और आंदोलन के उद्देश्यों पर 17 और 18 फरवरी 1929 को चेगलपट्टू में आयोजित पहले आत्म-सम्मान सम्मेलन में विस्तार से चर्चा की गई और आत्म-सम्मान आंदोलन के उद्देश्यों को समाज और व्यक्ति और परिवार के जीवन से जोड़कर दिखाया एवं समझाया गया। इस आंदोलन में रुचि रखने वाले हज़ारों लोग ही सम्मेलन में शामिल हुए और बहुत ही सरल एवं सीधी भाषा में उन्हें उनके काम की बातें समझाई गईं। पेरियार ने लंबे-लंबे भाषणों और महत्त्वपूर्ण सिद्धांतों को सरल भाषा में समझाते हुए अपने हृदय की बात लोगों के हृदय तक पहुँचाई। इस सम्मेलन में क़रीब छह हज़ार लोगों ने भाग लिया और इन उद्देश्यों पर चर्चा की। इस सम्मेलन में ज़्यादातर प्रतिभागी पिछड़े, दलित और ग़रीब थे।

दूसरा आत्म-सम्मान सम्मेलन 10 मई 1930 को इरोड में आयोजित किया गया था, जिसकी अध्यक्षता एम.आर. जयकर ने की थी। यह दूसरा सम्मेलन दलित-बहुजनों के लिए कई नए निर्णय लेकर आया। सम्मेलन में कुछ ऐसी बातों की घोषणा की गई जो पहले असंभव मानी जाती थी। उदाहरण के लिए मूर्ति पूजा को बंद करने का लक्ष्य रखा गया, जो इसके पहले किसी भी सार्वजनिक मंच से कभी घोषित नहीं किया गया था। श्री षणमुगम की अध्यक्षता में अगस्त 1931 में विरुधुनगर में आयोजित तीसरे आत्म-सम्मान सम्मेलन में भी इसी तरह के प्रगतिशील विचारों पर ज़ोर दिया गया। इनके अलावा छुआछूत के खिलाफ़ कड़े शब्दों में प्रस्ताव पारित किए गए। पेरियार ने इस आंदोलन के लिए अपना जीवन समर्पित किया और जल्द ही यह उनके और उनकी पत्नी के लिए एक पूर्णकालिक गतिविधि बन गया।

आत्म-सम्मान सम्मेलनों में विकसित होती वैचारिकी

पेरियार ने अपनी विचारधारा पर आधारित कई सारे सम्मेलनों का आयोजन किया। विशेष रूप से उन्होंने आत्म-सम्मान आंदोलन के दौरान कई सभाएँ कीं जिन्हें सेल्फ़ रिस्पेक्ट कॉन्फ्रेंस कहा जाता है। इन सभाओं के ज़रिए उन्होंने जो

भाषण दिए उसमें उन्होंने आत्म-सम्मान के अपने विशिष्ट सिद्धांत और विचारों को बहुत सफ़ाई से दुनिया के सामने रखा। इन सभी भाषणों में वे अनिवार्य रूप से ब्राह्मणों के द्वारा पैदा किए वर्णाश्रम धर्म की बहुत क्रूरता से चीर-फाड़ करते थे। वे कभी भी लोगों की इच्छा के अनुसार उन्हें खुश या संतुष्ट करने के लिए बात नहीं करते थे बल्कि उनके विचारों को बदलने के लिए बात करते थे। आत्म-सम्मान आंदोलन के सिद्धांतों के आधार पर वैज्ञानिक और तार्किक दृष्टिकोण से बात करते हुए अपने लोगों को संबोधित करते थे। वे दक्षिण भारत की सभी भाषाओं को भी ठीक से जानते थे और सभी भाषाओं में प्रभावशाली भाषण दिया करते थे। वे कहते थे कि मुझे फ़र्क नहीं पड़ता कि मैं किस भाषा में बोल रहा हूँ, मैं किसी भी भाषा में बोलूँ मेरा सिर्फ़ एक ही मक़सद है कि मैं आत्म-सम्मान आंदोलन के सिद्धांतों के अनुरूप बात करूँ।[3]

आत्म-सम्मान सम्मेलनों के विशेष नामकरण एवं प्रस्ताव

पेरियार आत्म-सम्मान आंदोलन के तहत जिन आत्म-सम्मान सम्मेलनों का आयोजन करते थे उनका ख़ास नाम रखा करते थे। उनकी हर आत्म-सम्मान सभा का नया नाम होता था और उस विशेष सम्मेलन या सभा में वे अलग थीम पर अलग ढंग से बात रखा करते थे। उनकी हर आत्म-सम्मान सभा किसी नए विषय पर प्रकाश डालने का नया ही आयोजन लेकर आती थी। वे अपने विषय के साथ पुराने विचारों को दोहराने से बचते थे और हर बार नए विषय पर अपनी बात रखते थे। इस तरह वह बहुत ही योजनापूर्वक नए-नए विचारों को लाते जाते थे। पेरियार की सेल्फ़ रिस्पेक्ट कॉन्फ्रेंसेस के कुछ नाम भी बड़े मज़ेदार और सार्थक हैं, जो अपने आप में पूरी कहानी कहते जाते हैं। 'नॉन ब्राह्मण कॉन्फ्रेंस', 'प्राविंशियल सेल्फ़ रिस्पेक्ट कॉन्फ्रेंस', 'लेबरर्स कॉन्फ्रेंस', 'एंटी हिन्दी एजिटेशन कॉन्फ्रेंस', 'वुमन कॉन्फ्रेंस', 'कुरल कॉन्फ्रेंस', 'ब्लैक शर्ट कॉन्फ्रेंस', 'बुद्धिस्ट कॉन्फ्रेंस', और 'इरेडिकेशन ऑफ़ सोशल डिसग्रेस कॉन्फ्रेंस' कुछ महत्त्वपूर्ण कॉन्फ्रेंस हैं जिनके नाम यहाँ पर जानना ज़रूरी है। इन सम्मेलनों का नाम जानकर ही पता लगता है कि इसमें किस तरह की चर्चा की गई होगी। यह सब जानकर समझ में आता है कि आज दक्षिण भारत में जिस तरह के सामाजिक, राजनीतिक जागरूकता बनी हुई है उसके पीछे पेरियार ने कितना महत्त्वपूर्ण योगदान दिया है।

आत्म-सम्मान आंदोलन के बैनर तले उन्होंने इस तरह की सभाओं का आयोजन 1925 से शुरू किया था जो कि उनकी आख़िरी साँस तक सन् 1973 तक लगातार चलता रहा। इन सभी सभाओं में उनके क्रांतिकारी भाषण हमेशा लोगों

को प्रेरित करते रहे। उनकी पहली आत्म-सम्मान सभा 'नॉन ब्राह्मण कॉन्फ्रेंस' के नाम से कांचीपुरम में 1925 में आयोजित की गई थी। इस सभा में अपने भाषणों में उन्होंने भारत के सभी पिछड़ों, ग़ैर-ब्राह्मणों और अछूतों के बीच में एकता पर ज़ोर दिया था। इस एकता पर ज़ोर देते हुए उन्होंने कहा था कि इन तीनों समुदायों को एक-दूसरे के अधिकारों का सम्मान करना चाहिए और भाईचारे से आगे बढ़ना चाहिए। इसी सभा में उन्होंने ज़ोरदार ढंग से बात रखते हुए द्रविड़ संस्कृति और धर्मों के आत्म-सम्मान, द्रविड़ लोगों की तमिल भाषा और साहित्य के संरक्षण की बात की थी। द्रविड़ संस्कृति पर ब्राह्मण संस्कृति के बढ़ते हुए प्रभाव को कम करने के लिए उन्होंने लोगों का आह्वान किया था।[4]

कांचीपुरम के बाद मदुरई में सन् 1925 के वर्ष में ही उन्होंने दूसरी नॉन-ब्राह्मण कॉन्फ्रेंस का आयोजन किया। इसके बाद अगली नॉन-ब्राह्मण कॉन्फ्रेंस कोयंबटूर और नेल्लाई और तंजावुर में आयोजित की गई। इन कॉन्फ्रेंसेस में उन्होंने अपने भाषणों के दौरान आत्म-सम्मान आंदोलन के सिद्धांत और नीतियों का वर्णन एवं प्रचार किया।[5] इसी तरह के सम्मेलनों और सभाओं की शृंखला में 'सोशल रिफ़ॉर्म कॉन्फ्रेंस' के दौरान उन्होंने 26 नवंबर 1928 को एक क्रांतिकारी घोषणा की। इस कॉन्फ्रेंस के दौरान उन्होंने कहा कि सब तरह के धर्म और धार्मिक अंधविश्वास का ख़ात्मा कर देना चाहिए।[6] उनकी यह अपील और सलाह इतनी भयानक थी कि लोगों ने कल्पना भी नहीं की थी कि एक सामाजिक और राजनीतिक नेता धर्मों को उखाड़ फेंकने की मांग या घोषणा सार्वजनिक मंच से कर सकता है। लेकिन यही कार्यशैली पेरियार के अनोखे और दुस्साहसी व्यक्तित्व का परिचय देती है, जो उनके समकालीन अन्य लोगों में बहुत ही कम नज़र आती है।

सन् 1929 की फरवरी में चेंगलपुट में आयोजित आत्म-सम्मान सम्मेलन के दौरान उन्होंने अपने भाषणों के ज़रिए कुछ ऐतिहासिक संदेश दिए जो कि जीवन भर उनके साथ रहे। इन भाषणों में जिस तरह के विचार प्रकट हुए, वे उनके सामाजिक राजनीतिक आंदोलनों के ज़रिए आज भी दक्षिण भारत की राजनीति और सार्वजनिक जीवन में प्रवेश करते हुए देखे जा सकते हैं। इस सम्मेलन के दौरान उन्होंने जाति के संपूर्ण विनाश की मांग की थी। इन्हीं भाषणों के दौरान उन्होंने सामाजिक एकता और आर्थिक समानता सहित स्त्रियों की संपूर्ण आज़ादी की बात कही थी।[7] चेंगलपुट आत्म-सम्मान कॉन्फ्रेंस के दौरान उन्होंने एक महत्त्वपूर्ण प्रस्ताव पास करवाया। इस प्रस्ताव में कहा गया कि आज के बाद ब्राह्मण धर्म के वेदों, शास्त्रों, पुराणों को नहीं माना जाएगा और न ही मन्दिरों का निर्माण कराया जाएगा। इसके साथ उन्होंने कहा कि भारत के सभी मन्दिरों की

सारी संपत्ति वैज्ञानिक खोज-बीन, हथकरघा उद्योग, जनकल्याण एवं लोगों की शिक्षा एवं ज्ञान की वृद्धि के लिए इस्तेमाल की जानी चाहिए।[8]

तीसरी आत्म-सम्मान कॉन्फ्रेंस विरुधु नगर में 2 अगस्त 1931 को आयोजित की गई, इस कॉन्फ्रेंस में अपने भाषणों के दौरान उन्होंने लगभग तीन हज़ार स्त्रियों और दो हज़ार पुरुषों को संबोधित किया। इसमें विशेष उल्लेखनीय बात यह है कि इस कॉन्फ्रेंस के दौरान बर्मा, मलेशिया, सिंगापुर और श्रीलंका से भी बड़ी संख्या में लोग पेरियार के भाषणों को सुनने के लिए आए थे। इस सम्मेलन के दौरान अंतरराष्ट्रीय स्तर की उपस्थिति देखकर पेरियार को भी बहुत संतोष हुआ था और उन्होंने पूरी दुनिया से धर्म को मिटा डालने की अपनी बात को एक अंतरराष्ट्रीय समुदाय के सामने रखा। अलग-अलग देशों से आए प्रतिनिधियों के सामने एक ही बात को अलग-अलग तरीक़ों से रखने की उनकी कला देखते ही बनती थी। विरुधु नगर आत्म-सम्मान कॉन्फ्रेंस में एक प्रस्ताव पास किया कि जितने भी धर्म मनुष्यता के खिलाफ़ हैं उन सभी को ख़त्म कर दिया जाना चाहिए। यह मानवता और मानवतावाद के लिए सामाजिक और राजनीतिक लड़ाई की एक बहुत बड़ी शुरुआत थी। इस निर्णय के परिणाम पेरियार की मृत्यु के बाद के वर्षों में उठाए गए कदमों के रूप में देख सकते हैं। पेरियार के विचारों में जो मानवतावाद और धर्मनिरपेक्षता नज़र आती है वह मार्क्सवादी, भौतिकवादी दर्शन के काफ़ी नज़दीक है, वे मूल रूप से नास्तिक एवं भौतिकवादी विचारक थे।

उनके भाषणों में जब वे स्त्रियों के मुद्दे पर बात करते थे तब उनकी क्रांतिकारी चेतना एक नया शिखर छूती थी। कोयंबटूर में आयोजित सेल्फ़ रिस्पेक्ट वुमन कॉन्फ्रेंस के दौरान 25 नवंबर 1933 को उन्होंने अपने ओजस्वी भाषणों में स्त्रियों के जीवन के हर आयाम में आज़ादी, समान अवसर एवं भागीदारी की बात रखी।[9] इसी दौरान अपने भाषणों के ज़रिए उन्होंने तमिल भाषा में लेखन के प्रयासों को आगे बढ़ाने के लिए तमिल भाषा की वर्णमाला में भी सुधारों पर ज़ोर दिया। बाद के वर्षों में इसी विचार को आगे बढ़ाते हुए उन्होंने सरकारी प्रयासों से तमिल भाषा और साहित्य के प्रचार की ज़रूरत बताई। उनके इस आग्रह को मानकर उनकी विचारधारा पर आधारित सरकारों ने इस बात के पूरे प्रयास भी किए।

आत्म-सम्मान आंदोलन का अंतिम लक्ष्य

आत्म-सम्मान आंदोलन पेरियार की वैचारिक संपदा का केंद्र बिंदु है। इसीलिए इसके सभी पहलुओं को विस्तार से समझना उपयोगी होगा। आत्म-सम्मान आंदोलन असल में एक ब्राह्मण विरोधी और कांग्रेस विरोधी आंदोलन था। इसीलिए

स्वाभाविक रूप से यह भारत के द्रविड़ लोगों के पक्ष में रचा गया आंदोलन था। इस आंदोलन की रचना वैज्ञानिक मानवतावाद, धर्मनिरपेक्षता, तार्किकता और नास्तिकता जैसे मूल्यों और सिद्धांतों के आधार पर की गई थी।[10] यह एक बहुत ही व्यापक और बहुआयामी आंदोलन था जिसकी मिसाल हमें भारत में बहुत कम देखने को मिलती है। इसका लक्ष्य इतना व्यापक था कि इसकी सीमा में सभ्यता समाज नैतिकता संस्कृति से जुड़े सभी मूल्य स्वाभाविक रूप से शामिल हो गए थे।

इस आंदोलन का केंद्रीय उद्देश्य था, 'एक जाति विहीन और वर्ग विहीन समाज की स्थापना' जहाँ पर किसी का शोषण व दमन न हो। एक राजनीतिक सिद्धांत के रूप में इसका लक्ष्य था कि ऊँची जाति के हिन्दू लोगों का हर तरह का आधिपत्य समाज से मिटा दिया जाए और सामाजिक, आर्थिक नीतियों की रचना इस तरह की जाए जिससे कि जातिवाद समाप्त हो सके। एक वाक्य में कहा जाए तो इसका मक़सद करोड़ों भारतीय द्रविड़, शूद्र, अछूतों एवं स्त्रियों के लिए समाज में 'समधर्म' अर्थात् समता की स्थापना करना था। अपने आंदोलन के किन्हीं महान मूल्यों के प्रचार के लिए उन्होंने *कुडी अरासू* नाम का पत्र भी शुरू किया, क्योंकि वे जानते थे कि ऊँची जाति के हिन्दुओं द्वारा संचालित प्रेस और मीडिया उनके आत्म-सम्मान आंदोलन के बारे में समाज में ख़बरें नहीं पहुँचाएगा।[11]

जस्टिस पार्टी

आत्म-सम्मान आंदोलन जनता के बीच काफ़ी लोकप्रिय हो गया और इसने शुरू से ही जस्टिस पार्टी के नेताओं को आकर्षित कर लिया। जस्टिस पार्टी, जिसे आधिकारिक तौर पर 'दक्षिण भारतीय लिबरल फ़ेडरेशन' के नाम से जाना जाता है, ब्रिटिश भारत के तत्कालीन मद्रास प्रेसीडेंसी में एक नया राजनीतिक दल था। इसकी स्थापना 20 नवंबर, 1916 को मद्रास के विक्टोरिया मेमोरियल हॉल में डॉ. मुदलियार, टी.एम. नायर और पी. थेगारया चेट्टी द्वारा की गई। जस्टिस पार्टी के संस्थापक एक ऐसा मंच बनाने की कोशिश कर रहे थे, जो राजनीतिक लामबंदी कर ग़ैर ब्राह्मण लोगों की मदद कर सके। इस पार्टी का गठन मद्रास प्रेसीडेंसी में कई ग़ैर-ब्राह्मण सम्मेलनों और बैठकों का नतीजा था।[1]

जस्टिस पार्टी के उद्देश्य

जस्टिस पार्टी की स्थापना ब्राह्मणों की राजनीतिक और आर्थिक शक्ति का विरोध करने के मक़सद से की गई थी। पार्टी के घोषणा पत्र और उसके उद्देश्य ने घोषणा की कि वे ग़ैर-ब्राह्मण समूहों के सशक्तीकरण के लिए काम करेंगे। जस्टिस पार्टी दक्षिण भारत के ग़ैर ब्राह्मण लोगों के लिए समान अवसर और सामाजिक न्याय की पुरज़ोर वकालत कर रही थी, जिनके साथ ब्राह्मणों ने भेदभाव किया। पार्टी का मानना था कि ब्राह्मणी पौरोहित्य और सांस्कृतिक, सामाजिक वर्ग के मूल्य भारत में ग़ैर-ब्राह्मण समूहों[2] के खिलाफ़ सामाजिक भेदभाव के मूल कारण हैं। ये उद्देश्य उसी के समान थे जो पेरियार ख़ुद अपने सामाजिक और राजनीतिक अभियानों के माध्यम से हासिल करने की कोशिश कर रहे थे। जस्टिस पार्टी भी उत्तर भारतीय सांस्कृतिक आधिपत्य को लेकर चिंतित थी और हिन्दी भाषा के प्रश्न को लेकर आशंकित रहती थी।

जस्टिस पार्टी के अध्यक्ष पेरियार

पेरियार जस्टिस पार्टी के सदस्य नहीं रहे, इसके बावजूद जस्टिस पार्टी के लक्ष्यों के प्रति उनके हृदय में सहानुभूति थी। जस्टिस पार्टी असल में ग़ैर ब्राह्मण लोगों की पार्टी थी जो कि भारत के द्रविड़ों, शूद्रों, अछूतों, स्त्रियों के लिए समानता और सम्मान हासिल करने के लिए बनाई गई थी। असल में यह एक ब्राह्मण विरोधी पार्टी थी इस पार्टी के लक्ष्य पेरियार के अपने राजनीतिक लक्षण से काफ़ी मिलते-जुलते थे। इसलिए पेरियार हमेशा जस्टिस पार्टी का और उसके निर्णय एवं कार्यों का समर्थन करते थे। सन 1916 में इस पार्टी की शुरुआत के साथ ही रामासामी पेरियार ने इस पार्टी को अपना समर्थन देना जारी रखा। जस्टिस पार्टी की चौदहवीं प्रांतीय सभा मद्रास में 29 दिसंबर 1938 को बुलाई गई।

इस समय तक पेरियार भारतीय राष्ट्रीय कांग्रेस के साथ काम करते हुए एक बड़े नेता और संगठन की तरह स्थापित हो चुके थे। जस्टिस पार्टी के लोगों को यह भी पता चल चुका था कि पेरियार असल में ब्राह्मण विरोधी एवं ब्राह्मणवाद विरोधी जुझारू नेता हैं जो अपने सिद्धांतों से किसी भी क़ीमत पर समझौता नहीं करते हैं। उनके इसी सद्गुण के कारण इस पार्टी के नेताओं ने उन्हें जस्टिस पार्टी का अध्यक्ष बनाया। यहाँ नोट करने वाली मज़ेदार बात यह है कि इस समय पेरियार अपने उग्र हिन्दी विरोधी आंदोलनों के कारण जेल में थे। उनके जेल में होते हुए उन्हें जस्टिस पार्टी का अध्यक्ष बनाया गया और उन्होंने इस बात को स्वीकार भी कर लिया। सन् 1939 में जब वे जेल से रिहा हुए तब उन्होंने जस्टिस पार्टी के अध्यक्ष पद को स्वीकार करके उस पर काम करना शुरू किया।

लॉर्ड लिनलिथगो का प्रस्ताव ठुकराना

इस समय तक भारतीय नेता ही नहीं बल्कि अंग्रेज़ सरकार के अधिकारी एवं गवर्नर भी पेरियार की बढ़ती राजनीतिक शक्ति से प्रभावित होने लगे थे। इस बात का पता एक ख़ास घटना से चलता है। सन् 1939 तक आते-आते द्वितीय विश्व युद्ध शुरू हो चुका था। इससे पूरे विश्व का शक्ति संतुलन बदल गया। इसका एक बड़ा परिणाम यह हुआ है कि ब्रिटेन की आर्थिक एवं सैनिक शक्ति बहुत कमज़ोर हो गई। ब्रिटिश सरकार ने बड़ी संख्या में भारतीय सैनिकों को विश्व युद्ध में जाने के लिए तैयार कर लिया। कांग्रेस के नेताओं ने इस बात का विरोध किया और कहा कि ब्रिटिश सरकार को ऐसी कोई भी पहल करने के पहले कांग्रेस के बड़े नेताओं से विचार-विमर्श करना चाहिए। इस असंतोष के कारण 29 अक्टूबर 1940 को मद्रास के कांग्रेस मंत्रालय और सात अन्य प्रांतों

के कांग्रेसी नेताओं ने त्यागपत्र दे दिया।[3] इसके बाद 30 जुलाई 1940 को भारत के तत्कालीन वायसराय लॉर्ड लिनलिथगो ने पेरियार को निमंत्रण दिया और कहा कि वे आयें और मद्रास के लिए एक अलग मंत्रालय बनाएँ। लेकिन पेरियार ने विनम्रता से इस प्रस्ताव को ठुकरा दिया।[4]

अंग्रेज़ सरकार ने 1940 में एवं 1942 में दो बार पेरियार से निवेदन किया कि वे आयें और मद्रास में मंत्रालय का गठन करें। इस योजना का पता चलते ही पेरियार के पुराने मित्र सी. राजगोपालाचारी ने व्यक्तिगत रूप से पेरियार से निवेदन किया कि कृपया आप मंत्रालय का गठन करें। सी. राजगोपालाचारी ने उन्हें बाहर से समर्थन देने का वादा भी किया। लेकिन पेरियार ने दोनों बार इस प्रस्ताव को ठुकरा दिया। इन प्रस्तावों को ठुकराने का कारण उन्होंने बाद में यह बताया कि ''अगर मैं यह प्रस्ताव स्वीकार कर लेता हूँ तो भारत से जाति व्यवस्था को उखाड़ फेंकने के मेरे काम में बाधा पड़ेगी।''[5] इस उदाहरण से हम समझ सकते हैं कि पेरियार भारत में जाति व्यवस्था और ब्राह्मणवाद के समूल नाश के लिए कितने समर्पित थे। ब्रिटिश भारत में वायसराय के प्रस्ताव को ठुकरा देना न केवल अपने मूल्यों के प्रति उनका समर्पण दर्शाता है, बल्कि एक महान नैतिक साहस को भी व्यक्त करता है।

जस्टिस पार्टी और हिन्दी भाषा का विरोध

जस्टिस पार्टी की विचारधारा में हिन्दी के प्रचार का अर्थ ब्राह्मणवाद के प्रचार से जोड़कर देखा जा रहा था। ठीक यही विचार पेरियार के भी थे इस प्रकार इस वैचारिक बिन्दु पर इन दोनों में रणनीतिक सहयोग की संभावनाएँ निर्मित हो गयीं। सन् 1937 में ब्रिटिश सरकार ने एक नियम पारित किया कि तमिलनाडु के सभी स्कूलों के लिए हिन्दी भाषा का शिक्षण ज़रूरी है। जस्टिस पार्टी और पेरियार दोनों का मानना था कि हिन्दी भाषा का आरोपण दक्षिण में रहने वाले द्रविड़ लोगों के हित के खिलाफ़ है। पेरियार और जस्टिस पार्टी ने इस नए नियम का विरोध शुरू किया और जस्टिस पार्टी के माध्यम से इस नए नियम का विरोध करने के लिए एक आंदोलन का आयोजन किया। इस आरोपण को तमिल भाषा और संस्कृति के अपमान के रूप में देखा गया और पेरियार ने अपने पहले हिन्दी विरोधी अभियान में विद्रोह के काले झंडे लहराये।

पेरियार को हिन्दी भाषा का विरोध करने और इसके लिए सार्वजनिक रूप से बड़े आंदोलनों का नेतृत्व करने के लिए 1938 में गिरफ़्तार कर जेल भेज दिया गया। उस समय हिन्दी का विरोध हज़ारों-लाखों द्रविड़ों में सामाजिक रूप से

स्वीकृत व्यवहार बन गया था। हिन्दी विरोधी नेता के रूप में उनकी लोकप्रियता इस गिरफ़्तारी के बाद काफ़ी बढ़ गयी। शहरों, गाँवों और मुहल्लों में पेरियार को द्रविड़ों की भाषा और संस्कृति का चैंपियन माना जाने लगा। इस बात को जस्टिस पार्टी के नेताओं ने ठीक से समझा और पेरियार की बढ़ती शक्ति को समय पर पहचान लिया। इसके बाद जस्टिस पार्टी के नेताओं ने पेरियार को बड़ी भूमिका देने का निर्णय लिया। पेरियार जब जेल में थे तभी उन्हें जस्टिस पार्टी के नेताओं द्वारा सर्वसम्मति से जस्टिस पार्टी का अध्यक्ष चुन लिया गया।[6] इसके बाद जब रामास्वामी पेरियार जेल से बाहर निकले तब उन्होंने जस्टिस पार्टी के अध्यक्ष के रूप में कार्यभार संभाला।

जस्टिस पार्टी के अध्यक्ष के रूप में हिन्दी विरोधी आंदोलन के दौरान उनकी मुलाकात डॉ. अंबेडकर और मोहम्मद अली जिन्ना से भी हुई। सन् 1940 में जस्टिस पार्टी के अध्यक्ष के रूप में पेरियार उत्तर भारत के भ्रमण पर निकले थे। इस समय हिन्दी विरोधी आंदोलन अपने शिखर पर पहुँच चुका था। इस कारण 21 जनवरी 1940 तक आते-आते मद्रास सरकार द्वारा हिन्दी की अनिवार्यता पर रोक लगा दी गई थी। यह असल में पेरियार एवं अन्य द्रविड़ नेताओं के संघर्ष की विजय थी। इस महान विजय की सूचना एवं ख़ुशख़बरी के साथ वे उत्तर भारत की तरफ़ रवाना हुए। अपनी इस यात्रा में मुस्लिम लीग के अध्यक्ष मोहम्मद अली जिन्ना से उनकी मुलाकात हुई। इस मुलाकात के दौरान मोहम्मद अली जिन्ना ने पेरियार के हिन्दी विरोधी आंदोलन की बहुत प्रशंसा की थी और अपने लोगों के लिए लगातार संघर्ष करने वाले इस दक्षिण भारतीय जननेता के साहस एवं सूझ-बूझ को सलाम किया था।[7]

एक स्वतंत्र राष्ट्र 'द्रविड़नाडु' की माँग

पेरियार के नेतृत्व में जस्टिस पार्टी ने बहुत वैचारिक, राजनीतिक और सामाजिक आयामों में बहुत सारे नए काम शुरू किए। पेरियार की नेतृत्व शैली बिलकुल अलग थी, वह अपने जीवन के उदाहरणों के द्वारा लोगों को प्रभावित करके सामाजिक एवं नैतिक मूल्यों पर काम करना सिखाते थे। इसलिए जस्टिस पार्टी का प्रभाव धीरे-धीरे बढ़ने लगा, पेरियार भी जस्टिस पार्टी के माध्यम से अपने स्वयं की राजनीतिक विचारधारा का निर्माण कर रहे थे। इस पार्टी के साथ काम करते हुए उन्होंने एक स्वतंत्र 'द्रविड़नाडु' की मांग उठानी शुरू की। पेरियार द्वारा प्रस्तावित इस द्रविड़नाडु में तमिल, कन्नड़, तेलुगु और मलयालम बोलने वाले लोगों को शामिल होने का अवसर दिया जाना था। इस प्रकार ग़ुलाम भारत में

एक तरफ़ जहाँ भारतीय राष्ट्रीय कांग्रेस के नेतृत्व में अंग्रेज़ों से आज़ादी का आंदोलन चल रहा था, दूसरी तरफ़ पेरियार ने द्रविड़नाडु नामक एक नए राष्ट्र की मांग छेड़ दी थी। इस बात को लेकर पेरियार के देशभक्ति और भारत के प्रति निष्ठा पर हज़ार तरह के सवाल उठाए जाते हैं। पेरियार ने इन प्रश्नों के कई बार कई तरीक़ों से उत्तर दिये। वे पूरी ताक़त के साथ उत्तर भारत के हिन्दी भाषी हिन्दुओं एवं ब्राह्मणों से अलग द्रविड़ों के लिए एक ऐसा राष्ट्र बनाना चाहते थे जहाँ पर कोई जाति व्यवस्था ना हो।[8]

विदेश यात्राएँ

पेरियार की वैचारिकी के निर्माण में उनकी विदेश यात्राओं का भी बहुत बड़ा योगदान था। पेरियार की विदेश यात्राओं की शुरुआत एक ख़ास बिंदु से होती है। अपने देश में तमिल भाषी द्रविड़ लोगों के साथ करते हुए वे कई बातों को सीख रहे थे। वे तमिल भाषा द्रविड़ लोगों के इतिहास एवं सभ्यता से जुड़े कई प्रश्न को समझने के लिए संघर्ष कर रहे थे। उनके सारे सामाजिक राजनीतिक आंदोलन उसी दिशा में समर्पित हो रहे थे। धीरे-धीरे उनके मन में भारत के बाहर बसे हुए तमिल समाज के बारे में जिज्ञासा जागृत हुई। उस दौरान आत्म-सम्मान आंदोलन अपने शिखर पर पहुँच रहा था, वे चाहते थे कि भारत के बाहर बसे तमिल लोग भी द्रविड़ संस्कृति और सभ्यता को अलग नज़रिए से देखना शुरू करें।

मलेशिया और सिंगापुर की यात्राएँ

पेरियार यही चाहते थे कि विदेशों में बसे तमिल अपने भारतीय भाई-बहनों के लिए नया उदाहरण बनाते हुए भारतीय द्रविड़ समाज के लिए प्रेरणा का स्रोत बनें। इस नज़रिए से वे अपनी यात्रा शुरू करते हैं और 15 दिसंबर 1929 को मलेशिया पहुँचते हैं।[1] वहाँ पर स्थापित तमिल सुधारक संघ द्वारा एक तमिल सम्मेलन का आयोजन किया गया था। पेरियार ने इस सम्मेलन का उद्घाटन किया। वहाँ के तमिल लोगों से मिलजुल कर उन्होंने नए देश में बसे लोगों की समस्याओं के बारे में विचार-विमर्श किया।[2] मलेशिया में बसे तमिल भाई-बहनों को अपनी क्रांतिकारी दृष्टि से परिचित कराते हुए उन्होंने भारत के लिए द्रविड़ समाज के बेहतर भविष्य की कल्पना का नक़्शा उनसे साझा किया। पेरियार ने महसूस किया कि भारत के बाहर बसे तमिल भी ठीक उन्हीं की तरह भारत में बसे तमिलों के भविष्य के बारे में चिंतित रहते हैं। इस चिंता का सूत्र ठीक वही था जो पेरियार के हृदय में सुलगता रहता था। भारत से बाहर बसे तमिल भी अपनी प्राचीन द्रविड़ संस्कृति और सभ्यता की विकास गाथा

और महा-आख्यान को दुबारा ज़िंदा करना चाहते थे। इसके बाद पेरियार ने मलेशिया में बसे भारतीयों द्वारा बनाई गई 'मलेशियन इंडियन कांग्रेस' को भी संबोधित किया। इसके अलावा अन्य कई महत्त्वपूर्ण शहरों जैसे कि कुआलालंपुर, तेइपिंग, मलक्का, सुंगेइपट्टानी उन्होंने वहाँ बसे तमिलों एवं स्थानीय लोगों को संबोधित किया। इन सब अनुभवों से गुज़रते हुए उन्हें पता चला कि उनके क्रांतिकारी विचारों का प्रभाव केवल भारतीय लोगों तक ही सीमित नहीं है।

मलेशिया और सिंगापुर में संस्थाओं का निर्माण

मलेशिया और सिंगापुर की अपनी यात्रा के दौरान उन्होंने वहाँ पर बसे तमिलों के बीच तार्किक और आत्म-सम्मान से जुड़े विचारों को फैलाने के लिए छोटी-छोटी संस्थाओं की रचना की। उन्होंने विदेशों में बसे तमिलों के बीच में 'थिंकर्स फोरम', 'रेशनलिस्ट एसोसिएशन', 'ट्रुथ सीकर्स एसोसिएशन' और 'सेल्फ़ रिस्पेक्ट लीग'[13] जैसे वैचारिक मंचों की स्थापना की। साथ ही उन्होंने लोगों से निवेदन किया कि वे इन मंचों के माध्यम से विचार की प्रक्रिया जारी रखें। इस प्रकार संस्थाओं की स्थापना करना और उन के माध्यम से सही दिशा में वैचारिक और सामाजिक बदलाव हेतु लोगों को तैयार करना उनकी संगठनात्मक सूझ-बूझ का उदाहरण है। विदेश यात्राओं के इस अनुभव ने उनके आत्मविश्वास को बढ़ा दिया, इन सभी चर्चाओं और भाषणों में उन्होंने आत्म-सम्मान आंदोलन की विचारधारा का ख़ूब प्रभावशाली ढंग से प्रचार किया। इस दौरे को समाप्त करके वे 10 जनवरी 1930 को वापस तमिलनाडु लौट आए।

मलेशिया और सिंगापुर में बसे तमिलों और भारतीयों से मिलने के बाद वह चाहते थे कि यूरोप व विदेशों में बसे भारतीयों एवं विदेशी लोगों से मिला जाए। यूरोपीय समाज की संस्कृति, सभ्यता और विचारधारा को वह किताबों, पत्रिकाओं के माध्यम से काफ़ी पहले से जानने की कोशिश कर रहे थे। यूरोप में जन्मी औद्योगिक क्रांति के बाद आई ज्ञान-विज्ञान की तरक्की ने उन्हें बहुत गहराई तक प्रभावित किया था। वे यूरोपीय आधुनिकता से काफ़ी हद तक प्रभावित थे और ठीक उसी तरह के बदलाव और विकास वे भारत में भी देखना चाहते थे। जब वे यूरोप की आधुनिकता की तुलना भारत के सड़े हुए ब्राह्मण धर्म और ब्राह्मणवादी समाज से करते थे तो उन्हें बड़ा दुख होता था। वे देखना चाहते थे कि यूरोप का समाज कैसा है और किस प्रकार नए विचारों ने वहाँ पर जन्म लिया। इसके अलावा भी विदेशों में बसे भारतीयों को भारत की वास्तविकताओं से परिचित कराते हुए संवाद भी विस्थापित करना चाहते थे। वे जानते थे कि

किसी भी समाज के सर्वाधिक प्रतिभाशाली लोगों को प्रभावित किए बिना या बदले बिना राष्ट्रीय स्तर पर एक बड़े बदलाव की कल्पना नहीं की जा सकती। इसीलिए वे विदेशों में बसे भारतीयों को संबोधित करना चाहते थे।

यूरोप की यात्राएँ

मलेशिया और कुआलालंपुर की यात्रा के एक साल बाद 13 दिसंबर 1931 को वे यूरोप की यात्रा पर निकले। चेन्नई के बंदरगाह से 'एमबोइज़' नाम के एक फ्रांसीसी जहाज़ से यात्रा करते हुए उन्होंने यूनान, तुर्की, सोवियत संघ, जर्मनी, ग्रेट ब्रिटेन, इटली, स्पेन, फ्रांस और पुर्तगाल सहित श्रीलंका की यात्राएँ कीं। पेरियार की ये यात्राएँ वैचारिक अनुभव हासिल करने की दृष्टि से बहुत समृद्ध रहीं। इन यात्राओं में यात्री को अपने सहयात्रियों से बातचीत करते हुए नए अनुभवों को आत्मसात करने का मौका भी मिलता था। एक खुले हुए और वैज्ञानिक चित्त को अपने साथ लिए पेरियार हर बार जब भी नई भूमि पर, नए लोगों के पास पहुँचते थे तब उनके पास बहुत सारे प्रश्न हुआ करते थे और बहुत सारे प्रश्नों के उत्तर भी हुआ करते थे। इस प्रकार नए लोगों और नए समाज से मिलना उनके लिए दोहरा अनुभव होता था। एक तरफ़ वे उनसे कई बातें सीखते थे और दूसरी तरफ़ से विदेशी लोगों को भारत के बारे में नई बातें सिखाते भी थे।

मार्क्सवाद की भूमि पर पेरियार

इसी तरह सीखते-सिखाते हुए वे 14 फरवरी 1932 को सोवियत रूस पहुँचे दक्षिण भारत के गर्म वातावरण से सोवियत रूस की कड़कड़ाती ठंड में दिसंबर के महीने में पहुँचना उनके लिए बड़ा कठोर अनुभव था। लेकिन वे अपने मन से जितने जीवट थे उतना ही शरीर से भी जीवट थे। वे इन सारी तकलीफ़ों के बावजूद रशियन समाज में, विशेष रूप से कार्ल मार्क्स की विचारधारा पर आधारित सामाजिक नवनिर्माण की झलक देखना चाहते थे। इसीलिए उन्होंने वहाँ पर लगभग 3 महीने गुज़ारे।[4] भारत में रहते हुए उन्होंने बोल्शेविक क्रांति और साम्यवादी समाज की रचना के बारे में काफ़ी कुछ सुना और पढ़ा था। वे कार्ल मार्क्स की विचारधारा से बहुत प्रभावित थे। पेरियार स्वयं जिन प्रश्नों से और जिन समस्याओं से जूझ रहे थे ठीक वैसी ही समस्याओं का समाधान कार्ल मार्क्स ने दिया था। इसलिए अपनी ही कोटि के एक अन्य क्रांतिकारी के विचारों पर खड़े समाज को देखना उनके लिए एक सुकून देने वाला अनुभव था।

सोवियत रूस में 3 महीने गुज़ारने के बाद उन्होंने इंग्लैंड की तरफ़ यात्रा

शुरू की और 20 जून 1932 को इंग्लैंड पहुँचे। अब वे उस देश को क़रीब से जानना चाहते थे जिसने भारत सहित दुनिया के बड़े-बड़े देशों को ग़ुलाम बना रखा था। वे जानना चाहते थे कि 'जिस ब्रिटिश साम्राज्य का सूरज कभी नहीं डूबता' वह समाज वास्तव में कैसा है। भारत में जिन ब्रिटिशर्स को वे जानते और देखते आए थे वे प्रशासनिक सेवा के चुनिंदा और प्रशिक्षित अधिकारी थे। लेकिन पेरियार ब्रिटेन के आम मज़दूर, किसान और स्त्रियों को देखना चाहते थे। वे देखना चाहते थे कि भारत के किसानों, मज़दूरों और स्त्रियों से ये लोग किस तरह भिन्न अथवा समान है। पेरियार के वहाँ पहुँचने के पहले ही ब्रिटेन में एक बड़ी भीड़ उनके स्वागत के लिए इकट्ठी हो चुकी थी।

ब्रिटेन की यात्रा

उस समय ब्रिटेन में भी ग़रीब मज़दूरों की समस्याओं पर बड़े-बड़े सम्मेलन हो रहे थे। कुछ समय पहले ही बड़ी आर्थिक मंदी ने ब्रिटेन सहित पूरी दुनिया को चपेट में ले लिया था। इसलिए मज़दूरों के दुख और ग़रीबी सहित शोषण की समस्या उस समय बड़ा मुद्दा बन चुकी थी। पेरियार ने ब्रिटेन में बहुत बड़ी संख्या में इकट्ठे हुए मज़दूरों की सभा को संबोधित[5] किया। ये लोग मज़दूरों के अधिकार के विषय पर पेरियार को सुनने के लिए आए थे। लंदन जैसे शहर में इतनी बड़ी संख्या में लोगों को संबोधित करना और उन्हें अपने विचारों से प्रभावित करना बहुत बड़ी बात थी। विशेष रूप से एक भारतीय के लिए यह एक बड़ी सफलता की बात थी। इन सभाओं में उन्होंने अपनी विशिष्ट शैली में आत्म-सम्मान आंदोलन के मूल्यों के साथ-साथ अपनी विचारधारा के सिद्धांतों को विस्तार से समझाया। रशिया और इंग्लैंड की अपनी लंबी यात्रा समाप्त करके वे 11 नवंबर 1932 को श्रीलंका की राजधानी कोलंबो होते हुए इरोड लौट आए।

इस बीच पहली पत्नी की मृत्यु

इसी बीच पेरियार के जीवन में बहुत बड़ी दुर्घटना घटी। वे जब देश-दुनिया के नए-नए समाजों से परिचित हो रहे थे और भिन्न-भिन्न संस्कृतियों के बीच में विचारधाराओं का पुल बना रहे थे, ठीक उसी समय 11 मई 1933 को उनकी पत्नी नागम्मइ की मृत्यु हो गई। यह उनके लिए एक बहुत बड़ा झटका था, नागम्मइ उनके लिए केवल पत्नी ही नहीं थी बल्कि उनके सामाजिक, राजनीतिक आंदोलनों की सक्रिय कार्यकर्ता भी थी। अपनी पत्नी से वे बहुत प्रेम करते थे और उनकी मृत्यु से वे दुखी थे। लेकिन पेरियार अपनी विचारधारा और अपने

लक्ष्यों के प्रति पूरी तरह समर्पित थे। इसी समर्पण से उन्हें वह ताज़गी और ऊर्जा मिली है जिसकी वजह से वह इस झटके से जल्दी ही उबर आए और पहले की तरह फिर से अपने आंदोलनों में सक्रिय हो गए।

इस आघात के बावजूद आंदोलन जारी रहा

अपनी पत्नी की मृत्यु के तुरंत बाद भी उनकी क्रांतिकारी चेतना और जोश कम नहीं हुआ। उन्होंने जल्द ही इरोड में आत्म-सम्मान आंदोलन और समाजवाद विषय पर एक बड़े सम्मेलन का आयोजन किया और उसका संचालन किया। अपनी विदेश यात्रा के अनुभवों से समृद्ध हुए ज्ञान और अनुभव को अपने लोगों तक पहुँचाने के लिए उन्होंने विशेष आयोजन किए। उदाहरण के लिए 4 नवंबर 1933 को 'ऑल इंडिया कॉर्पोरेशन डे' के दौरान उन्होंने सोवियत रूस के समाजवादी आदर्शों पर खड़े समाज एवं उसकी जीवन शैली के बारे में विस्तार से अपनी बात रखी। इन बातों को समझाते हुए उन्होंने स्पष्ट किया कि समाज सुधार के कार्यों और परस्पर सहयोग में आपस में क्या रिश्ता होता है। उन्होंने इस बात पर भी विस्तार से रोशनी डाली कि रशियन समाज में परस्पर सहयोग के ज़रिए उन्होंने किस प्रकार शोषण के पुराने तंत्र को उखाड़ कर फेंक दिया है।

विदेश यात्राओं के बाद उन्होंने जो ज्ञान हासिल किया उसके ज़रिए अपने लोगों का ज्ञानवर्धन करने के लिए उन्होंने भाषणों के अलावा कई लेख भी लिखे। अपने स्वयं के संपादित पत्रों के माध्यम से उन्होंने एक बड़ी जनसंख्या के लिए यूरोप के समाज और ज्ञान-विज्ञान के रास्ते खोल दिए। यूरोप की यात्रा के बाद एक नई क्रांति चेतना से लैस पेरियार पहले से अधिक आक्रामक होकर लिखने लगे। इस बात का सबूत हमें उनके एक विशेष लेख में मिलता है जिसमें वे तत्कालीन ग़ुलाम भारत पर शासन कर रही ब्रिटिश सरकार को उखाड़ फेंकने का आह्वान करते हैं। उन्होंने अपने पत्र *कुडी अरासु* में 29 अक्टूबर 1933 को एक लेख लिखा। इसका शीर्षक था 'आज की सरकार को क्यों उखाड़ फेंकना चाहिए'। इस लेख की भाषा बहुत आक्रामक थी और उसने लोगों को आंदोलित कर दिया। ब्रिटिश सरकार पेरियार की यात्राओं सहित उनकी गतिविधियों पर नज़र रख रही थी। इस पत्र में उनका यह लेख प्रकाशित होने से तुरंत बाद इरोड में *कुडी अरासु* के दफ़्तर पर छापा पड़ा और पेरियार को गिरफ़्तार कर लिया गया। इसके बाद उन्हें 30 दिसंबर 1933 को कोयंबटूर की सेंट्रल जेल भेज दिया गया। इसके तुरंत बाद *कुडी अरासु* पर प्रतिबंध भी लगा दिया गया, पेरियार ने अपने प्रयास बंद नहीं किए और इस प्रतिबंध के तुरंत बाद *पुरात्ची* नामक एक नया तमिल साप्ताहिक आरंभ कर दिया।

द्रविड़ कड़गम का जन्म

द्रविड़ सभ्यता संस्कृति और इतिहास के बारे में पेरियार की अपनी एक विशेष राय थी। वे मानते थे कि द्रविड़ संस्कृति भारत की मूल एवं प्राचीनतम संस्कृति है जिस पर आर्य-ब्राह्मण लोगों ने आक्रमण करके उसमें वर्ण व्यवस्था और जाति व्यवस्था जैसी बीमारियाँ लगा दीं। भारत के सभी द्रविड़, शूद्र, दलित एवं स्त्रियों के जीवन में जितनी समस्याएँ नज़र आती हैं सभी समस्याओं का कारण वे ब्राह्मणवाद को बताते थे। जब उन्होंने सामाजिक राजनीतिक आंदोलनों की शुरुआत की वास्तव में उनका मूल लक्ष्य उस द्रविड़ सभ्यता और संस्कृति को फिर से ज़िंदा करना और महिमाशाली बनाना था जिसे आर्यों ने बर्बाद कर दिया है।[1] पेरियार की विचारधारा का प्रस्थान बिंदु यही रहा है। ठीक इसी तरह के विचार हमें ज्योतिबा फुले में भी नज़र आते हैं, वे भी पेरियार की तरह ही आर्य आक्रमण के सिद्धांत को मानते हैं। दोनों ही अपने समय में यह सिद्ध करने का प्रयास करते थे कि भारत का पतन असल में भारत में विदेशों से आए आर्य-ब्राह्मणों के कारण हुआ है।

पेरियार के अनुसार भारतीय समाज का पुनरुत्थान तभी हो सकता है जबकि इन विदेशी आर्य, ब्राह्मणों एवं उत्तर भारतीय ब्राह्मणवादी समाज का भारत पर से कब्ज़ा हटा दिया जाए। इस प्रकार वे बहुत सीधी और दो टूक बात कहते थे कि भारत के करोड़ों द्रविड़ दलित और शूद्रों के लिए मुक्ति का एक ही रास्ता है और वह है ब्राह्मणवाद का ख़ात्मा। यह प्रस्तावना ना केवल उनकी सांस्कृतिक और सामाजिक पुनर्निर्माण की योजना में होती थी बल्कि उनकी राजनीति और सांस्कृतिक पुनर्निर्माण की पूरी योजना भी इसी पर खड़ी हुई है।[2] जो लोग पेरियार की विचारधारा को नहीं जानते उन्हें यह जानकर बड़ा आश्चर्य होगा। लेकिन यह बात सच है कि पेरियार का अंतिम लक्ष्य ब्राह्मणवाद का ख़ात्मा और भारत की मूल द्रविड़ संस्कृति और सभ्यता का पुनरुत्थान है। इसी के लिए उन्होंने जब राजनीतिक प्रयास आरंभ किए तब राजनीतिक विचारधारा को तत्कालीन कांग्रेस

की विचारधारा से एकदम अलग तरीक़े से निर्मित किया। पेरियार के अनुसार कांग्रेस की विचारधारा ब्राह्मणवादी विचारधारा थी। तत्कालीन कांग्रेस में ब्राह्मणों का वर्चस्व बना रहा इसीलिए कांग्रेस पार्टी सच्चे अर्थों में कभी भी सामाजिक बदलाव की बड़ी कोशिश नहीं कर सकी। कांग्रेस की इस कमज़ोरी का विश्लेषण करते हुए वे बहुत सावधानी नतीजे पर पहुँचे हैं कि ब्राह्मणों द्वारा ब्राह्मणवाद के आधार पर संचालित कोई भी पार्टी भारत की हित में नहीं हो सकती।

जस्टिस पार्टी और सेल्फ़ रिस्पेक्ट मूवमेंट का मिलन

पेरियार ने ब्राह्मणों के कब्जे में चल रही कांग्रेस का ठीक से विश्लेषण किया और अपनी स्वयं की द्रविड़ पार्टी का नक़्शा पेश किया। उन्होंने भारत के मूलनिवासी द्रविड़, अछूतों एवं शूद्र लोगों की सर्वांगीण उन्नति और मुक्ति के लिए 'द्रविड़ कड़गम' नामक पार्टी की स्थापना की। पेरियार चाहते थे कि द्रविड़ कड़गम पार्टी की गतिविधियों के द्वारा भारत के द्रविड़ ब्राह्मणवादी हिन्दू धर्म के अंधविश्वासों से मुक्त हो। इसी उद्देश्य से उन्होंने सलेम के निकट 'सेवॉएपेट्राइ' नामक स्थान पर 27 अगस्त 1944 को एक विशेष सभा का आयोजन किया। यह सभा की राजनीति को हमेशा हमेशा के लिए बदल देने वाली थी, क्योंकि इसमें पेरियार की सामाजिक सांस्कृतिक विचारधारा को एक राजनीतिक स्वरूप मिलने वाला था। इस सभा में उन्होंने 'जस्टिस पार्टी' और 'सेल्फ रिस्पेक्ट मूवमेंट' को मिलाकर एक कर दिया और इन दो महान शक्तियों के मिलन से जो एक तीसरी शक्ति बनी उसका नाम 'द्रविड़ कड़गम' रखा गया।[3]

यह वो समय था जब कि पेरियार राजनीति और विशेष रूप से चुनावी राजनीति को सामाजिक बदलाव के लिए बहुत महत्त्वपूर्ण प्रक्रिया नहीं मानते थे। वे ज़मीन से जुड़े इंसान थे और जमीनी बदलावों में भरोसा रखते थे। इसीलिए उन्होंने राजनीति, और चुनावी राजनीति के बजाय लोगों के सामाजिक सांस्कृतिक समझ को बदलने पर ज़्यादा भरोसा रखा। इसीलिए आरंभिक दौर में द्रविड़ कड़गम एक ग़ैर सांप्रदायिक और ग़ैर राजनीतिक संस्था थी और शुरुआत में यह निर्णय लिया गया कि यह पार्टी चुनाव नहीं लड़ेगी।[4] इसके मूल सिद्धांतों की घोषणा तुरंत ही कर दी गई। द्रविड़ कड़गम के तीन मुख्य सिद्धांत या फिर लक्ष्य थे, पहला जाति व्यवस्था की समाप्ति, दूसरा द्रविड़नाडु की मुक्ति, और तीसरा भारत के द्रविड़ लोगों के लिए आनुपातिक प्रतिनिधित्व। इसी के साथ उसके अन्य लक्ष्यों के रूप में हिन्दू धर्म के पुराणों, शास्त्रों, वेद और इतिहास सहित ईश्वर, आत्मा, पुनर्जन्म इत्यादि जैसे अंधविश्वासों को समाप्त करना भी शामिल था।

इस तरह मूल रूप से द्रविड़ कड़गम का मुख्य लक्ष्य था कि किसी भी तरीक़े से दक्षिण भारत के द्रविड़ लोगों को उत्तर भारत के आर्य ब्राह्मण लोगों द्वारा लादी गई जाति व्यवस्था, वर्ण व्यवस्था और धार्मिक गुलामी से मुक्त किया जाए। शीघ्र ही द्रविड़ कड़गम का विस्तार होने लगा और तमिलनाडु के हर ज़िले हर तालुका, गाँव में इसकी अन्य इकाइयों की शुरुआत हुई। धीरे-धीरे इन स्थानीय इकाइयों के ज़रिए पूरे तमिलनाडु में तार्किकता, नास्तिकता और ब्राह्मणवाद के विरोध की क्रांति पहुँचने लगी। वास्तव में यह पेरियार के सामाजिक और सांस्कृतिक जागरण की सफलता है। इसलिए जब उन्होंने इन दोनों महान आंदोलनों को मिलाकर तीसरी शक्ति का निर्माण किया तब इस तीसरी शक्ति की विचारधारा लोगों द्वारा खूब पसंद की गई।

द्रविड़ कड़गम और 'द्रविड़नाडु' की माँग

इस बिंदु तक आते-आते पेरियार संपूर्ण दक्षिण भारतीयों के लिए पृथक द्रविड़नाडु की मांग उठाने लगे थे। सामाजिक, राजनीतिक आंदोलनों की सफलता के बाद और विशेष रूप से द्रविड़ कड़गम की स्थापना के बाद पेरियार की आवाज़ पहले से अधिक शक्तिशाली ढंग से उठने लगी। अब तक पेरियार के साथ एक विशाल जनसमूह और एक विकसित सामाजिक, राजनीतिक प्रस्ताव भी आ चुका था। कांग्रेस छोड़ने के बाद से और द्रविड़ कड़गम की स्थापना तक के बीच के कई वर्षों में उन्होंने एक अलग 'द्रविड़नाडु' के लिए आवश्यक वैचारिक और राजनीतिक तैयारी पूरी कर ली थी। इस काम के लिए उन्होंने उत्तर भारत का दौरा भी किया था और इन सब बातों को लेकर उन्होंने डॉ. अंबेडकर और मोहम्मद अली जिन्ना जैसे नेताओं से भी मुलाकात और विचार-विमर्श किया था। इन दोनों नेताओं से उनकी मुलाकात मुंबई में हुई थी। इन मुलाकातों का उद्देश्य था कि ब्राह्मणवाद से मुक्त एक पृथक 'द्रविड़नाडु' की स्थापना के लिए उस समय के प्रभावशाली नेताओं से समर्थन जुटाया जाए।

सन् 1940 में तिरुवरूर में एक सम्मेलन का आयोजन किया गया। इस सम्मेलन में पेरियार ने पहली बार बहुत विस्तार के साथ द्रविड़नाडु की कल्पना और मांग को दुनिया के सामने रखा। यह मांग धीरे-धीरे बलवती होती गई और 1944 तक आते-आते जस्टिस पार्टी की प्रांतीय सभा में स्वयं जस्टिस पार्टी का ही नाम बदलकर 'द्रविड़ार कड़गम' रख दिया गया। यह अपने-आप में एक बड़ा बदलाव था। जस्टिस पार्टी अपने सभी आंदोलनों और वैचारिक आग्रहों में एक ख़ास ढंग से द्रविड़ों की मुक्ति की मांग उठा रही थी। लेकिन इस विशेष ढंग में

एक अमूर्तता थी। इसी कारण इसकी राजनीतिक, सामाजिक और आर्थिक कल्पना स्पष्ट नहीं हो रही थी। पेरियार ने इस समस्या को बड़ी आसानी से सुलझा दिया। इस सुलझाव में ही उनकी राजनीतिक सूझ-बूझ के दर्शन होते हैं। जस्टिस पार्टी के सभी प्रस्ताव वैध और न्यायपूर्ण थे, लेकिन आम आदमी के मन में ज़मीन पर खड़े होकर एक नए राजनीतिक दर्शन की कल्पना करना इससे मुश्किल होता था। लेकिन पेरियार ने जैसे ही उसका नाम 'द्रविड़ार कड़गम' रखा वैसे ही इसकी दिशा, दशा और उद्देश्यों का अनुमान एकदम स्पष्ट हो गया।

बहुलतावाद का प्रश्न और हिन्दी विरोधी आंदोलन

भारत की आज़ादी के आंदोलन के दौरान भारतीय राष्ट्रीय कांग्रेस द्वारा दक्षिण भारत में हिन्दी के प्रचार की योजना बन चुकी थी। पूरे देश में हिन्दी के प्रचार के लिए तरह-तरह के प्रयास किए जा रहे थे और इन्हें राष्ट्रीय एकीकरण के प्रयास के रूप में देखा जा रहा था। जहाँ तक ब्राह्मणवादी विचारधारा और हिन्दू धर्म से सहानुभूति रखने वाले लोगों का प्रश्न है, उन्हें देशभर में हिन्दी के प्रचार से कोई समस्या नहीं हो सकती। लेकिन भारत में केवल एक ही धर्म या एक ही भाषा नहीं है और ना ही यहाँ पर कोई एक संस्कृति है। यह धार्मिक भाषाई और सांस्कृतिक बहुलता का देश है जिसमें सदियों से अलग किस्म की भाषाएँ, भोजन, वस्त्र-आभूषण इत्यादि की विविधता पाई जाती है। संस्कृति और जीवन-शैली में बाहर झलकने वाले व्यवहार ही नहीं बल्कि उन संस्कृतियों का निर्माण करने वाली दार्शनिक और तात्विक मान्यताएँ भी अलग-अलग हैं। इस तरह दार्शनिक, तात्विक और वैचारिक मान्यताओं की भिन्नता एवं उनका अस्तित्व भारत का प्रमुख चारित्रिक लक्षण है।

पेरियार इस भिन्नता और इस बहुलता के पक्ष में थे, इसीलिए वे सच्चे अर्थों में बहुलतावादी भारत के पक्ष में थे। उनके द्वारा हिन्दी भाषा का विरोध अक्सर ही भारत के विरोध के रूप में प्रचारित किया गया है, लेकिन वास्तव में उनके लिए यह भिन्न-भिन्न संस्कृतियों और भाषाओं वाले भारत देश की बहुलता के स्वीकार का मुद्दा था। पेरियार की ही तरह उनके पहले और बाद के कई विचारकों, सामाजिक सुधारकों एवं नेताओं ने अलग-अलग भाषा की अस्मिता एवं सांस्कृतिक बहुलता के पक्ष में आंदोलन किए हैं। पेरियार के अलावा उन अधिकांश नेताओं, विचारकों एवं सुधारकों को प्रचलित अर्थों में स्वीकार कर लिया गया है। लेकिन पेरियार के हिन्दी विरोध को भारत राष्ट्र के विरोध एवं भारतीयता के विरोध के रूप में देखा और दिखाया गया है। इसका एक विशेष

कारण है और वह कारण पहले ज़ाहिर हो चुका है लेकिन यहाँ फिर से बताना उचित होगा। पेरियार हिन्दी भाषा को ब्राह्मणवाद और ब्राह्मण धर्म अर्थात् हिन्दू धर्म के जाति व्यवस्था, वर्ण व्यवस्था, एवं अंधविश्वासी जीवन शैली के वाहक के रूप में देखते थे।[5] वे कहते थे कि हिन्दी भाषा भेदभाव पूर्ण जीवन शैली और अंधविश्वासों की वाहक है जिस पर सवारी करके शोषक ब्राह्मण धर्म के विचार दक्षिण भारत में तेज़ी से प्रवेश कर जाएँगे।

कांग्रेस और गांधी का हिन्दी संबंधी नज़रिया

हिन्दी के प्रचार के मामले में कांग्रेस तत्कालीन मद्रास प्रोविंस एवं द्रविड़ लोगों की भावनाओं को नहीं समझ पा रही थी। जस्टिस पार्टी के द्वारा जिस प्रकार का वातावरण बनाया गया था, और जिस तरह से द्रविड़ लोग हिन्दी के प्रति आशंकित हुआ करते थे, कांग्रेसी उसको कुछ हद तक समझती थी। इसके बावजूद कांग्रेस यह मानती थी कि अगर प्रयास किया जाएगा तो हिन्दी के पक्ष में बड़ा वातावरण बनाया जा सकता है। गांधी का स्पष्ट कहना था कि धर्म की भाषा संस्कृत है और भारत के अधिकांश लोग संस्कृत नहीं सीख सकते। ऐसी स्थिति में भारत के अधिकांश लोगों को हिन्दी के ज़रिए ही धर्म सीखना होगा।[6] हालाँकि गांधी कालांतर में हिन्दुस्तानी की बात करते हैं जो एक ऐसी भाषा थी जिसमें हिन्दी, उर्दू सहित सभी भारतीय भाषाओं के बोलचाल के शब्द थे। वह हिन्दुस्तानी प्रचार सभा की स्थापना भी करते हैं। गांधी इसे पूरे भारत की संपर्क भाषा की तरह स्थापित करना चाहते थे। मज़ेदार है कि इसी आधार पर संस्कृतनिष्ठ हिन्दी के समर्थक सावरकर अपने भाषणों में उनके हिन्दू-विरोधी होने की आलोचना करते हैं। (*हिन्दू राष्ट्र दर्शन,* सावरकर)

इसी नज़रिये से राजगोपालाचारी एवं महात्मा गांधी हिन्दी को दक्षिण भारत में प्रचारित करने के लिए विशेष रूप से गंभीर थे। वे न केवल इसे राष्ट्रीय एकीकरण की शर्त के रूप में देखते थे बल्कि वे इसे स्वराज की उपलब्धि से भी जोड़ते थे। गांधी का साफ़ कहना था कि ''अगर मद्रास हिन्दी के मामले में पिछड़ जाता है तो मद्रास स्वराज के मामले में भी पिछड़ जाएगा।''[7] रामास्वामी पेरियार कांग्रेस के नेताओं द्वारा कही जाने वाली राष्ट्रभक्ति, राष्ट्रवाद और स्वराज की बड़ी-बड़ी बातों को एक छलावा मानते थे। उनका स्पष्ट मानना था कि हिन्दी भाषा के प्रचार के साथ जब यह बड़े-बड़े नाम लिये जाते हैं तब इनका मकसद वास्तव में दक्षिण भारत पर उत्तर भारत की सांस्कृतिक विजय सुनिश्चित करना होता है। इस प्रकार हिन्दी पर ज़ोर देते हुए ऐसे स्वराज की एक आवश्यक शर्त

की तरह देखना और दिखाना पेरियार को आशंकित करता था। वे विचारों से पूरी तरह सहमत नहीं हो पाते थे। विशेष रूप से जब हिन्दी भाषा के साथ हिन्दू धर्म और हिन्दू संस्कृति की बात आती थी तो पेरियार एवं द्रविड़ आंदोलन से जुड़े उनके अन्य मित्र विशेष रूप से सावधान हो जाया करते थे।

हिन्दी विरोध और द्रविड़नाडु

पेरियार मूल रूप से कन्नड़ परिवार में पैदा हुए थे और कन्नड़ उनकी मातृभाषा थी। लेकिन वह तमिल भाषा भी पूरे अधिकार से बोला करते थे। भाषा के मुद्दे पर भी विशेष रूप से संवेदनशील रहते थे और हिन्दी का विरोध करते हुए हुए, हिन्दी भाषा, हिन्दी संस्कृति और हिन्दू धर्म के खिलाफ़ आग उगलते थे। हिन्दी भाषा के दक्षिण में फैलाव की योजना को हिन्दू धर्म और ब्राह्मणवाद का एक ज़हरीला षड्यंत्र मानते थे। वे अपने भाषणों में कहा करते थे कि अगर दक्षिण भारत में हिन्दी आती है तो हिन्दी के साथ-साथ हिन्दू धर्म और ब्राह्मणवाद का पाखंड पूरे दक्षिण भारत में फेल कर इसे बर्बाद कर देगा। तमिल भाषा, तमिल संस्कृति और तमिल राष्ट्रवाद का बखान करते हुए वे हमेशा ओजस्वी भाषण देते थे और द्रविड़नाडु की माँग किया करते थे। उनके ये विचार भारत की हिन्दुत्ववादी शैली में परिभाषित की गयी अखंडता में भरोसा रखने वाले लोगों को बहुत चुभते हैं। यहाँ पर एक बार फिर से पूरी गंभीरता से नोट करना चाहिए कि पेरियार द्वारा एक अलग 'द्रविड़नाडु' की मांग असल में हिन्दी का विरोध करते हुए उठाई गई थी।[8]

हिन्दी के प्रचार के द्वारा द्रविड़ लोगों में हिन्दू धर्म का प्रचार होगा ऐसी उनकी मान्यता थी। इस हिन्दू धर्म के प्रचार को रोकने के लिए ही तब उन्होंने हिन्दी का विरोध करना शुरू किया था। बाद में इसी कारण उन्हें कठिनाइयों का सामना करना पड़ा तो उन्होंने अंतिम अस्त्र के रूप में 'द्रविड़नाडु' की बात उठाई थी। इस बात का एक अर्थ यह भी निकाला जा सकता है कि अगर तमिलों की सांस्कृतिक, धार्मिक और भाषाई विशिष्टता पर हिन्दी के प्रचार द्वारा ख़तरे की संभावना ना होती तो संभवतः पेरियार द्रविड़नाडु की बात भी नहीं उठाते। पेरियार अपने उग्र भाषणों में हिन्दी के खिलाफ़ अपने लोगों को जागरूक करते रहते थे। ऐसे ही एक भाषण के दौरान तमिलनाडु वुमन्स कॉन्फ्रेंस में 13 नवंबर 1938 को मद्रास में पेरियार के विचारों पर चलने वाली महिलाओं ने ई. वी. रामासामी को पेरियार की उपाधि दी। सेलम नामक शहर में 17 जनवरी 1943 को एक अन्य सेल्फ रिस्पेक्ट कॉन्फ्रेंस के दौरान भाषण देते हुए पेरियार ने हिन्दू पुराणों

एवं धर्म शास्त्रों को जलाने का सुझाव दिया और इन किताबों को जलाने का प्रयास भी किया। इसके अलावा त्रिची में आयोजित एक अन्य तमिल कॉन्फ्रेंस के दौरान 26 दिसंबर 1937 को हिन्दी का विरोध करते हुए स्वतंत्र और स्वयंभू तमिल राष्ट्र की मांग भी उठाई।[9]

गुलाम भारत में आज़ादी के आंदोलन के दौरान हिन्दी का विरोध करने पर उनसे कई सवाल पूछे जाते थे। कई लोगों को लगता था कि हिन्दी का विरोध करना अनावश्यक है, इस विरोध के कारण उत्तर और दक्षिण भारत में विभाजन पैदा होगा। लेकिन पेरियार के इस विषय में अलग ही तर्क थे, साफ़-साफ़ कहते थे कि हिन्दी का विरोध करना कोई राजनीतिक या भाषा का मुद्दा भर नहीं है बल्कि यह विदेशी आर्यों और मूलनिवासी द्रविड़ लोगों के हज़ारों साल के संघर्ष का हिस्सा है। अपने भाषणों और लेखन में कई बार कहा करते थे कि हिन्दी का विरोध करना और तमिल का प्रचार करना असल में भारत के द्रविड़ लोगों सहित भारत के सभी ग़ैर ब्राह्मणों का आत्म-सम्मान और नैतिक बल जगाने का एक तरीक़ा है।

शुरुआती दौर में पेरियार का हिन्दी प्रेम

इस संक्षिप्त भूमिका के बाद यह जानना बहुत ही मज़ेदार है कि तमिलनाडु में इरोड में पहली हिन्दी प्रचारिणी सभा की स्थापना सन् 1920 में स्वयं पेरियार ने ही की थी। इतना ही नहीं उनमें हिन्दी प्रचार के लिए सन् 1922 में एक पाठशाला की स्थापना करके हिन्दी शिक्षक की नियुक्ति करवाई एवं हिन्दी के शिक्षण-प्रशिक्षण हेतु सारी सुविधाएँ भी उपलब्ध कराई थीं।[10] लेकिन बाद के वर्षों में जैसे-जैसे गांधी, सी. राजगोपालाचारी और कांग्रेस से उनका मतभेद बढ़ता गया वैसे ही उन्होंने हिन्दी भाषा के ज़रिए द्रविड़ समाज की अस्मिता पर आने वाले संभावित ख़तरे को पहचानना शुरू कर दिया। इसके बाद 1935 तक आते-आते उन्होंने हिन्दी का विरोध शुरू कर दिया। सन् 1937 में वे हिन्दी के विरोध में खुलकर आ गए और हिन्दी के खिलाफ़ एक संगठित आंदोलन छेड़ दिया।

असली जातिवादी लोग तो ब्राह्मण हैं

पेरियार ने धीरे-धीरे अपनी क्रांतिकारी दलीलों से हिन्दी के प्रचार को अनिवार्य रूप से ब्राह्मण धर्म के प्रचार से जोड़ दिया और कहा कि यह एक संप्रदाय विशेष की साजिश है। हिन्दी और सांप्रदायिकता के प्रश्न को उन्होंने फिर ब्राह्मणों के मस्तिष्क की उपज बताते हुए इसका सीधा संबंध ब्राह्मणों के सांप्रदायिक एवं जातिवादी चरित्र से जोड़ दिया। पेरियार का कहना था कि ''अगर ब्राह्मण जातिवादी

नहीं हैं तो फिर भारत में अलग से एक हिन्दू महासभा की क्या आवश्यकता है? अगर ब्राह्मण सांप्रदायिक नहीं है तो फिर अलग से हिन्दी प्रचार सभा एवं संस्कृत प्रचार सभा की क्या आवश्यकता है?''।[11] इन प्रश्नों के आलोक में हम समझ सकते हैं कि पेरियार के मन में उस समय क्या चल रहा था और वह हिन्दी के प्रश्न को किस बड़े प्रश्न से जोड़कर देखना और दिखाना चाहते थे।

अपने हिन्दी विरोधी आंदोलन को आगे बढ़ाते हुए उन्होंने एक विशाल जन संगठन तैयार कर लिया। वे सिर्फ़ विचारधारा के स्तर पर या फिर लोगों को समझाने-बुझाने के स्तर पर ही सक्रिय नहीं थे बल्कि उन्होंने ज़मीन पर उतर कर आंदोलन शुरू कर दिया। 26 दिसंबर 1935 को तिरुच्चिराप्पल्ली में एक सम्मेलन में उन्होंने घोषणा की कि तमिल और द्रविड़ लोगों पर हिन्दी के प्रभुत्व को रोकने का एकमात्र रास्ता यही है कि तमिलनाडु एक अलग राज्य बने और उसका निर्माण सिर्फ़ तमिलों के लिए हो। यह मांग और यह आंदोलन पूरे राज्य में भड़क उठा, यहाँ तक कि इससे क़ानून व्यवस्था को ख़तरा होने लगा और तत्कालीन ब्रिटिश सरकार ने आंदोलनकारियों को पकड़ना और जेल में डालना शुरू कर दिया।

रामासामी नायकर बने 'पेरियार'

सन् 1938 में ऐसे ही एक हिन्दी विरोधी आंदोलन के दौरान लगभग एक हज़ार दो सौ आंदोलनकारी गिरफ़्तार करके जेल में डाल दिए गए। इतना ही नहीं इसी दौरान 'थालामुथु' और 'नटराजन' नाम के दो युवाओं की पुलिस हिरासत में पीटकर कर हत्या कर दी गई। इन हत्याओं की ख़बर से पेरियार अत्यधिक क्रोधित हुए। इस आंदोलन के कारण क़ानून व्यवस्था को जो ख़तरा हो रहा था उसे देखते हुए नवंबर 1938 को पेरियार को भी कठोर कारावास के लिए भेज दिया गया। इस दौरान तमिलनाडु की स्त्रियों ने अपने एक कार्यक्रम में 13 नवंबर 1938 को ई. वी. रामासामी नायकर को 'पेरियार' नाम देकर सम्मानित किया। इस समय पेरियार जेल में थे।[12] हिन्दी विरोधी आंदोलन के दौरान पेरियार जब कठोर कारावास भुगत रहे थे जस्टिस पार्टी के नेताओं ने अपनी पार्टी में पेरियार की भूमिका को लेकर एक महत्त्वपूर्ण निर्णय लिया। 29 दिसंबर 1938 को आयोजित जस्टिस पार्टी की प्रांतीय सभा में इन नेताओं ने पेरियार को जस्टिस पार्टी का अध्यक्ष चुन लिया।

इसके बाद भविष्य में 'द्रविड़नाडु' की मांग और ज़ोर-शोर से उठनी शुरू हो गई। पेरियार के कारावास की अवधि के दौरान घटी इन दो महत्त्वपूर्ण घटनाओं

से हम समझ सकते हैं कि हिन्दी का विरोध करने के बाद उन्हें मिला सम्मान और समर्थन कितना बड़ा था। इससे यह भी समझ में आता है कि तत्कालीन तमिल एवं द्रविड़ समाज में हिन्दी एवं हिन्दू धर्म को लेकर किस प्रकार की भावनाएँ आकार ले चुकी थीं। उस समय का तमिल एवं द्रविड़ समाज पेरियार के तर्कशील एवं क्रांतिकारी विचारों पर चलते हुए ब्राह्मणवादी अंधविश्वासों के खिलाफ़ हो चुका था। इसलिए हिन्दी का विरोध सिर्फ़ एक भाषा के विरोध से आगे बढ़कर संस्कृति, राष्ट्र और राष्ट्रीयता का प्रश्न बन चुका था। इस समय उन्होंने कांग्रेस द्वारा मद्रास के स्कूलों में हिन्दी पढ़ाये जाने का विरोध शुरू किया और तत्कालीन मद्रास प्रेसीडेंसी के चीफ़ मिनिस्टर सी. राजगोपालाचारी ने व्यक्तिगत रूप से मिलकर विरोध जताया।

पेरियार को महसूस हो रहा था कि कांग्रेस में बैठे ब्राह्मण और गांधी हिन्दी विरोधी आंदोलन का समर्थन नहीं करेंगे। इसलिए उन्होंने अपनी तरफ़ से अपने विचारों और अपनी क्रांति चेतना का प्रचार करने के लिए 'एंटी हिन्दी प्रोपेगेंडा लीग' की स्थापना की और उसके माध्यम से काम को आगे बढ़ाया।[13] इस लीग के माध्यम से एंटी हिन्दी एजुकेशन कॉन्फ्रेंसेस का भी आयोजन किया गया। इन कॉन्फ्रेंसेस में भारतीय तमिल ही नहीं बल्कि बड़ी संख्या में इसमें बर्मा, सिंगापुर, श्रीलंका से तमिल भाषी एवं द्रविड़ स्त्री-पुरुष शामिल हुए। इसमें 'प्योर तमिल मूवमेंट' के संस्थापक एवं महान विद्वान 'मरायमलाई आडिगल' की पुत्री 'नीलांबिगाई अम्माइयार' भी शामिल हुई और पेरियार के विचारों को नैतिक समर्थन देते हुए एक स्वतंत्र द्रविड़ राष्ट्र, धर्म और संस्कृति के पुनरुत्थान के विचार को आगे बढ़ाया।

ब्लैक शर्ट आंदोलन

ब्लैक शर्ट आंदोलन पेरियार के द्वारा शुरू किए गए एक महत्त्वपूर्ण आंदोलनों में से एक है। यह भारत में जाति व्यवस्था के संपूर्ण उन्मूलन के लिए छेड़ा गया द्रविड़ अस्मिता की मुक्ति का आंदोलन था। पेरियार ने युवाओं को बड़ी संख्या में इकट्ठा किया, और उन्हें काली शर्ट पहनने के लिए तैयार किया जो कि विद्रोह और बदलाव की प्रतीक है। ब्लैक शर्ट मूवमेंट ने बड़ी संख्या में उत्साही द्रविड़ युवाओं की एक 'द्रविड़ फ्रीडम फोर्स' की रचना की थी जो काली शर्ट पहनती थी।[1] पेरियार के अनुसार काली शर्ट द्रविड़ लोगों के आत्म-सम्मान को पुनर्जीवित करने का प्रतीक है, काली शर्ट पहन कर हम अपनी प्राचीन संस्कृति और सभ्यता के पुनर्जीवन का संकल्प व्यक्त करते हैं। काली शर्ट आंदोलन वाले लोग एक अलग ही किस्म के अनुशासन, सम्मान, तार्किक विचार और जुझारूपन वाले व्यक्ति थे।

ब्लैक शर्ट आंदोलन ने शुरुआत से ही आर्थिक, सामाजिक सांस्कृतिक, और धार्मिक बदलाव के लिए अपनी एक अलग शैली में काम शुरू कर दिया। ब्लैक शर्ट आंदोलन के ज़रिए समाज प्रबोधन का एक नया ही काम शुरू हुआ। पेरियार ने ब्लैक शर्ट कॉन्फ्रेंसेस का आयोजन करके अपने समर्पित काडर को ही नहीं बल्कि जन सामान्य को भी किस विचारधारा से परिचित कराया। इन सम्मेलनों के माध्यम से समाज प्रबोधन में भी बहुत महत्त्व है।

ब्लैक शर्ट कॉन्फ्रेंस

पहली ब्लैक शर्ट कॉन्फ्रेंस मदुरई में सन् 1946 में आयोजित की गई। इसके आयोजन के साथ ही पेरियार एवं उनके पहली पंक्ति के नेताओं ने समाज से विशेष अपील की। उन्होंने लोगों से निवेदन किया कि 'द्रविड़िस्तान' के लिए लड़ाई लड़ें। इस तरह की मांग वे पहले से उठाते आ रहे थे। एंटी हिन्दी आंदोलन के दौरान उन्होंने इस दिशा में अपने विचारों को कहीं अच्छे से संगठित करके पेश किया।

धीरे-धीरे उनके सहयोग एवं समर्थकों में पृथक द्रविड़स्थान के लिए भावनाएँ मज़बूत होने लगीं। सन् 1945-46 के आते-आते ब्रिटेन पूरी तरह कमज़ोर होकर टूट चुका था, और भारत आज़ाद होने की कगार पर था। इस समय पेरियार एवं उनके सहयोगी समझ चुके थे कि भारत अब आज़ाद होने को है। ऐसे आज़ाद भारत में द्रविड़ समाज के लिए द्रविड़ संस्कृति, सभ्यता और इतिहास के लिए बेहतर क्या होगा इस विषय में वे लोग चिंतित थे।

ब्लैक शर्ट आंदोलन पर हमले

10 अक्टूबर 1945 को पेरियार ने 'द्रविड़ फ्रीडम फ़ोर्स' का आधिकारिक तौर पर उद्घाटन किया। इस अवसर पर उन्होंने द्रविड़ फ़ोर्स के सदस्यों को फोर्स की वर्दी के रूप में काले रंग की शर्ट पहनाई। इस समय सभी लोगों ने प्रतिज्ञा की थी कि जब तक द्रविड़ लोगों की सामाजिक, आर्थिक स्थिति नहीं सुधरेगी तब तक वे काली कमीज़ के अलावा अन्य कोई वस्त्र नहीं पहनेंगे। यह एक ख़तरनाक प्रतिज्ञा थी, उद्घाटन दिवस के अवसर पर लगभग 150 लोगों ने यह प्रतिज्ञा ली थी। इस प्रतिज्ञा को और इस बैठक में द्रविड़ फ्रीडम फोर्स को अधिक आक्रामक बनाने के निर्णय को ब्राह्मणवादी लोग एक ख़तरे के रूप में देख रहे थे। कई लोग प्रश्न उठा रहे थे कि जब भारत आज़ाद हो ही चुका है तो फिर से एक पृथक फ़ोर्स की आवश्यकता किसे है? इस प्रकार बहुत सारी वैचारिक असहमति और असुरक्षा की भावनाएँ चारों तरफ़ मंडरा रही थीं। लेकिन इन सबके बीच ब्लैक शर्ट आंदोलन महान द्रविड़ सभ्यता और संस्कृति के पुनर्जागरण का संकल्प लिए आगे बढ़ रहा था।

अक्टूबर 1945 में कुडी अरासू में सभी कार्यकर्ताओं को कहा गया कि वे पूर्णकालिक कार्यकर्ताओं से स्वतंत्रता बल में शामिल होने की अपील करें। लेकिन जैसा कि हर आंदोलन के साथ होता है, जल्द ही इस आंदोलन के खिलाफ़ दुष्प्रचार शुरू हो गया। इस आंदोलन को एक उग्रवादी और सशस्त्र आंदोलन के रूप में बदनाम किया जाने लगा। पेरियार को जल्द ही पता चल गया कि जन सामान्य में उनके ब्लैक शर्ट आंदोलन को आशंका के नज़रिए से देखा जा रहा है। वे इसका कारण और संभावित परिणाम जानते थे, वे जानते थे कि भारत के ब्राह्मण द्रविड़ों के किसी भी बड़े आंदोलन को सफल नहीं होने देंगे। जल्द ही ब्लैक शर्ट आंदोलन की बदनामी रोकने के लिए उन्होंने हस्तक्षेप किया। उन्होंने ब्लैक शर्ट मूवमेंट के बारे में समझ बढ़ाने के लिए एवं सहानुभूति निर्माण के लिए एक लंबा चौड़ा स्पष्टीकरण तैयार किया। उन्होंने लोगों को इस

आंदोलन के महान उद्देश्यों के बारे में जागरूक किया। अपने मूवमेंट के बारे में बताते हुए उन्होंने स्पष्टीकरण दिया कि ब्लैक शर्ट मूवमेंट किसी भी तरीक़े से एक उग्रवादी एवं सशस्त्र आंदोलन नहीं है, और ना ही भविष्य में यह ऐसी कोई दिशा लेगा। उन्होंने बताया कि इसका उद्देश्य द्रविड़ समाज और संस्कृति का पुनरुत्थान मात्र है। उन्होंने बहुत स्पष्ट शब्दों में कहा कि इस आंदोलन का काम इतना भर है कि सोए हुए और कमज़ोर द्रविड़ लोगों को जगा कर अपना हक़ लेने के लिए तैयार कर दिया जाए। इन ब्लैक शर्ट वाले लोगों की फ्रीडम फोर्स एक बड़ी शक्ति बनकर उभरने लगी। ब्राह्मणों एवं ब्राह्मणवादी शक्तियों को इस बात से बड़ी परेशानी महसूस हुई। उन्होंने ब्लैक शर्ट मूवमेंट को ब्राह्मणों ने एक उग्रवादी संगठन कहकर इसकी निंदा की। भारत सरकार से अपील की गई कि इस संगठन पर पाबंदी लगाई जाए। इसलिए 1948 में सरकार में भारत सरकार ने 'द्रविड़ फ्रीडम फोर्स' पर पाबंदी लगा दी।[2]

द्रविड़नाडु सेपरेशन कॉन्फ्रेंस

भारत में हिन्दी, हिन्दू और ब्राह्मणवादी अंधविश्वास का आधिपत्य फिर से दक्षिण भारत पर हावी न होने लगे इस बात के लिए विशेष रूप से परेशान रहते थे। इसीलिए उत्तर भारत और द्रविड़नाडु को अलग-अलग देखना चाहते थे। इसी नज़रिये से उन्होंने 14 सितंबर 1947 को अलग द्रविड़नाडु के लिए 'द्रविड़नाडु सेपरेशन कॉन्फ्रेंस' का आयोजन किया। इस कॉन्फ्रेंस में एक अलग स्वतंत्र एवं स्वयंभू द्रविड़नाडु राज्य की कल्पना एवं उसके निर्माण के तौर-तरीक़ों पर विचार किया गया। इस बीच आधुनिक भारत के इतिहास की एक दुर्भाग्यपूर्ण घटना घटी। जब पेरियार स्वतंत्र द्रविड़नाडु की कल्पना को आकार दे रहे थे, और पूरे दक्षिण भारत में द्रविड़ संस्कृति और सभ्यता को पुनर्जीवित करने का प्रयास ज़ोरों पर था उसी समय 30 जनवरी 1948 को एक ब्राह्मण उग्रवादी नाथूराम गोडसे द्वारा गांधी की हत्या कर दी गई। पेरियार कांग्रेस छोड़ने के बाद जीवन भर गांधी के कट्टर विरोधी रहे। लेकिन एक सहज मानवीय मैत्री और शिष्टाचार की भावनाएँ उनमें कूट-कूट कर भरी हुई थीं। गांधी की हत्या की ख़बर सुनते ही उन्होंने इस घटना की ज़ोरदार निंदा की और तत्कालीन प्रधानमंत्री जवाहरलाल नेहरू एवं राष्ट्रपति डॉ. राजेंद्र प्रसाद को संवेदना में भीगे पत्र लिखे। इस अवसर पर उन्होंने अपनी विशेष अंतर्दृष्टि को भी उजागर किया। वे जानते थे कि गांधी की हत्या की ख़बर सुनकर बड़ी संख्या में लोग आंदोलित हो सकते हैं और पूरे देश में दंगा भड़क सकता है। इस हत्या का इल्ज़ाम किसी मुसलमान पर ना लग

जाए इसलिए उन्होंने पूरी दुनिया के सामने घोषणा की कि गांधी की हत्या एक 'महाराष्ट्रीयन ब्राह्मण' ने की है।[3]

पेरियार गांधी की हत्या होने के बाद केवल संवेदना से भरे पत्र भेजने तक सीमित नहीं रहे। उन्होंने जवाहरलाल नेहरू और राजेंद्र प्रसाद को प्रस्ताव भेजा। प्रस्ताव में कहा गया है कि भारत का नाम 'गांधीस्तान', हिन्दू धर्म का नाम 'गांधी धर्म', और ईसाई कालखंड का नाम 'गांधी-कालखंड' रख देना चाहिए।[4]

दूसरी शादी और द्रविड़ कड़गम में फूट

पेरियार ने अपनी पत्नी के निधन के बाद अपने-आपको सामाजिक और राजनीतिक आंदोलनों में पूरी तरह झोंक दिया। अपनी पत्नी के मृत्यु के अगले ही दिन उन्होंने पहले से तय किए हुए अंतर धार्मिक आत्म-सम्मान विवाह कार्यक्रम का तिरुचिरापल्ली में संचालन किया। इसी दौरान शासन के नियम व्यवस्था भंग होने के ख़तरे के मद्देनज़र, उन्हें गिरफ़्तार करके जेल भी भेज दिया गया।[1]

निजी सचिव से विवाह

धीरे-धीरे बढ़ती उम्र के साथ सामाजिक, राजनीतिक आंदोलनों में उनकी भूमिका बढ़ती जा रही थी। ऐसे में पारिवारिक एवं व्यक्तिगत जीवन में उन्हें देखभाल के लिए एक साथी की आवश्यकता महसूस होने लगी। सन् 1949 तक आते-आते अपने ही संगठन में द्वितीय स्तर पर जो नेतृत्व उन्होंने तैयार किया था वह उनके लिए समस्याएँ पैदा करने लगा। इस तरह सामाजिक, राजनीतिक आंदोलनों के साथ-साथ स्वयं संगठन के भीतर भी चुनौतियाँ बढ़ती जा रही थीं। ऐसी कठिन परिस्थिति में उन्होंने अपने व्यक्तिगत जीवन में कुछ बदलाव करने का निर्णय लिया। उस समय उनकी एक निजी सचिव मनीअम्माई उनके साथ काम करती थी जिनकी उम्र 30 साल थी, और पेरियार की उम्र 70 साल थी। जहाँ तक पेरियार के अपने क्रांतिकारी विचारों का सम्बन्ध है, उनके इस विवाह में कोई वैचारिक या सैद्धांतिक बुराई नहीं थी। यह दो वयस्कों का आपसी रज़ामंदी से लिया हुआ फ़ैसला था, इसमें एक स्त्री की अपनी मर्ज़ी से शादी करने की आज़ादी का सम्मान भी शामिल था। इस प्रकार 9 जुलाई 1949 को पेरियार ने अपनी निजी सचिव मनीअम्माई से दूसरी शादी की।

पेरियार की दूसरी शादी आम जनमानस में हज़ारों सवाल खड़े करती रही। पेरियार के क़रीबी मित्र एवं सामाजिक, राजनीतिक सहयोगी भी इस निर्णय से खुश नहीं थे और वे चाहते थे कि पेरियार अपने इस निर्णय पर पुनर्विचार करें।

आगे चलकर यह मुद्दा गहराता गया और द्रविड़ कड़गम पार्टी में फूट का एक कारण बन गया। हालाँकि यह मुद्दा इस फूट का एकमात्र कारण नहीं था, इस फूट के लिए अन्य कई कारण ज़िम्मेदार थे जो बरसों से धीरे-धीरे विकसित हो रहे थे। पेरियार द्वारा निर्मित पार्टी में एवं उसकी राजनीति में होने वाले बदलावों को समझने के लिए उनकी दूसरी शादी का किस्सा समझना आवश्यक है।

मनीअम्माइ का द्रविड़ कड़गम के प्रति लगाव

मनीअम्माइ वेल्लोर के एक व्यापारी कनागासाबाई मुदलियार की पुत्री थीं जिनका बचपन का नाम गांदीमथी था, बाद में उन्हें अरसियालमनि और फिर अंत में मनीअम्माइ के नाम से जाना गया। हालाँकि इन सभी नामों के बीच वे ख़ुद को अरसिलमनि कहना पसंद करती थीं। वे शुरुआती दौर से ही सामाजिक एवं राजनीतिक विचारधाराओं से प्रभावित रहीं और समाज के लिए कुछ करने की लालसा उनमें शुरू से ही थी। अपने पिता की मृत्यु के तुरंत बाद, मनीअम्माइ पेरियार द्वारा स्थापित द्रविड़ कड़गम में शामिल हो गईं।[2] बाद में वे पेरियार की देखभाल करते हुए उनकी निजी सचिव बन गईं।

दूसरी शादी के नाटकीय घटनाक्रम की शुरुआत

पेरियार की दूसरी शादी के किस्से की शुरुआत 14 मई, 1949 को तिरुवन्नामलाई में एक नाटकीय घटनाक्रम के साथ होती है। उस समय के भारत शासन के गवर्नर जनरल सी. राजगोपालाचारी से पेरियार ने अपनी निजी सहायक मनीअम्माइ के साथ मुलाकात की। यह मुलाकात एक घंटे से अधिक समय तक चली। चूंकि पेरियार और राजगोपालाचारी राजनीतिक रूप से प्रतिद्वंद्वी थे एवं विचारधारा के स्तर पर भी उनमें गहरे मतभेद थे इसलिए अन्नादुरई ने इस चर्चा को लेकर सवाल खड़े किए।

इस मीटिंग से जुड़े सवालों से परेशान होकर अन्नादुरई ने कोयंबटूर की एक बैठक में पेरियार की मौजूदगी में फिर से यह मुद्दा उठाया। वे चाहते थे कि पेरियार इस मुद्दे पर सार्वजनिक रूप से खुलासा करें। पेरियार ने सिर्फ़ इतना कहा कि यह एक निजी मामला है और संगठन एवं संगठन के कार्यों से उसका कोई लेना-देना नहीं है। धीरे धीरे इस विषय में चर्चाएँ बढ़ती गयीं और अंत में 19 जून, 1949 को पेरियार ने अपने पत्र *विदुथलाई* में एक बयान जारी करते हुए स्पष्ट किया :

मेरे ख़राब स्वास्थ्य को देखते हुए मैं संगठन को एक काबिल व्यक्ति

को सौंपना चाहता था लेकिन मुझे ऐसा एक भी व्यक्ति नहीं मिल पाया। इसलिए मैंने संगठन का वारिस नियुक्त करने का फ़ैसला किया है, जो इसके मामलों का संचालन करेगा। इस स्थिति पर चर्चा करने के उद्देश्य से ही मैं राजाजी से मिला।[3]

इस स्पष्टीकरण ने द्रविड़ कड़गम में नई बहस सुलगा दी। यह अप्रत्याशित बात थी क्योंकि पेरियार कुछ समय पहले ही द्रविड़ कड़गम कि कमान अन्नादुरई को सौंपना चाहते थे। उनके इस कदम से साफ़ जाहिर हो रहा था कि वे अन्ना को अपना वारिस नहीं बनाना चाहते थे।

पेरियार द्वारा स्पष्टीकरण एवं घोषणा

इसके बाद 28 जून 1949 को पेरियार ने फिर से स्पष्ट किया कि मनीअम्माइ ने पिछले पाँच सालों में उनकी देखभाल की है और वे द्रविड़ कड़गम की विचारधारा के लिए सदैव प्रतिबद्ध रही हैं। इन कारणों से उन्होंने मनीअम्माइ के साथ विवाह करने का निर्णय लिया था। पेरियार ने आगे यह भी घोषित किया कि मनीअम्माइ ही उनकी राजनीतिक और व्यक्तिगत वारिस होंगी।

यह निर्णय संगठन के सदस्यों के लिए एक सदमे से कम नहीं था। पेरियार के क़रीबी मित्रों एवं संगठन के सदस्यों ने इस प्रस्ताव के खिलाफ़ पेरियार को समझाने की कोशिश की। इस बीच 3 जुलाई 1949 को द्रविड़ कड़गम के कई नेताओं ने बयान जारी कर पेरियार से इस कदम पर पुनर्विचार करने का आग्रह किया था। संगठन के वरिष्ठ नेताओं के दो प्रतिनिधिमंडलों ने पेरियार से मुलाकात की लेकिन वे पेरियार का निर्णय नहीं बदल सके। इसके अलावा द्रविड़ कड़गम की प्रशासनिक समिति की 10 जुलाई, 1949 को थेननूर में बैठक हुई जिसमें पेरियार से पुन: निवेदन किया गया कि वे इस शादी को रोक दें। पेरियार से शादी के लिए आगे नहीं बढ़ने को कहा गया। इस मीटिंग के बाद पेरियार को मनाने एवं समझाने के लिए कार्यकर्ताओं की एक टीम भी भेजी गयी लेकिन इस टीम की पेरियार से मुलाकात के पहले ही पेरियार ने विवाह कि औपचारिकताएँ पूरी कर ली और 10 जुलाई को ही घोषणा कर दी गयी कि मनीअम्माइ को अब ईवीआर मनीअम्माइ कहा जाएगा।

दूसरी शादी का वास्तविक कारण

इस दूसरी शादी के बारे में स्वयं पेरियार ने कहा था :

यह (शादी) मैंने वासना के कारण या अन्य किसी मानवीय शारीरिक सुख के लिए नहीं की है, बल्कि अपने स्वयं के लिए एवं अपनी संपत्ति के लिए एक क़ानूनी वारिस बनाने के लिए यह शादी की है।[4]

बढ़ती उम्र में अपने शारीरिक स्वास्थ्य का ध्यान रखने के लिए उन्हें एक जीवनसाथी की आवश्यकता थी। वह इसलिए भी थी ताकि वे रोज़मर्रा के जीवन की छोटी-छोटी ज़रूरतों में न उलझते रहें और अपने बौद्धिक एवं सामाजिक कार्य पर पूरा ध्यान दे सकें। इस उम्र तक आते-आते पेरियार का कार्य पूरे भारत में फैल चुका था। वे जानते थे कि अब उनके पास अधिक समय नहीं है इसलिए भी अपने समय का अधिक से अधिक उपयोग करना चाहते थे।

दूसरी शादी के बाद पार्टी में घमासान

लेकिन पेरियार की इस दूसरी शादी के बाद कुछ ऐसी घटनाएँ घटीं जिनकी उम्मीद ख़ुद पेरियार ने नहीं की थी। उन्होंने सोचा था कि इस के बाद भी अपने काम पर वे कहीं अच्छे से ध्यान दे पाएँगे। हालाँकि यह विचार बहुत हद तक सफल भी रहा। सन् 1973 में पेरियार की मृत्यु के बाद उनकी दूसरी पत्नी ने पेरियार के वैचारिक आंदोलन को बहुत शक्ति और समझदारी के साथ आगे बढ़ाया। लेकिन पेरियार के जीते जी उनकी दूसरी शादी ने उनके सामाजिक और राजनीतिक जीवन में हलचल मचा दी थी। अपनी 70 साल की उम्र में एक 30 साल की स्त्री से शादी करना उनके लिए राजनीतिक रूप से ख़तरनाक साबित हुआ। पेरियार की दूसरी शादी के बाद कई लोगों को अपने असंतोष को ज़ाहिर करने का मौका मिल गया। बहुत सारे लोग जो अन्य कारणों से असंतुष्ट थे उन्होंने इस दूसरी शादी को बहाना बनाकर अलगाव की बात छेड़ दी।

दूसरी शादी ही घमासान का एकमात्र कारण न थी

पेरियार और अन्ना के बीच मतभेद सितंबर 1945 से ही शुरू हो गए थे। पेरियार द्वारा 1945 में द्रविड़ लिबरेशन फ़ोर्स नामक संगठन का गठन किया गया था। इसमें सभी कार्यकर्ताओं को एवं पूर्णकालिक कार्यकर्ताओं को भी भर्ती करने का आह्वान किया गया था। इस समय कार्यकर्ताओं से आह्वान किया गया था कि वे पूरे समय काली शर्ट पहना करें, काली शर्ट पहनने की इस पाबंदी का अन्नादुरई ने खुलकर विरोध किया। उनका तर्क था कि काली शर्ट पहन कर संगठन का कोई भी व्यक्ति अगर कोई अपराध करता है या असामाजिक गतिविधि में शामिल होता है तो इससे संगठन एवं आंदोलन बदनाम होगा। लेकिन पेरियार ने अन्नादुरई

के इस तर्क और इस सलाह को स्वीकार नहीं किया। हालात यहाँ तक बिगड़े कि पेरियार ने अन्नादुरई को सार्वजनिक मंच पर काली शर्ट पहनने के लिए विवश किया। मई 1946 में मदुरई में एक ब्लैक शर्ट सम्मेलन बुलाया गया और पेरियार ने अन्नादुरई को मुख्य वक्ता के रूप में निमंत्रित किया। मुख्य वक्ता की भूमिका में उन्हें पेरियार के सामने ना चाहते हुए भी काली शर्ट पहननी पड़ी। इस घटना ने अन्नादुरई एवं उनके समर्थकों के मन में द्रविड़ कड़गम एवं पेरियार के प्रति विरोध की भावनाएँ उत्पन्न कर दीं।

अन्नादुरई और उनके समर्थकों के मन में इसी प्रकार की एक असंतोष भड़काने वाली दूसरी घटना 1947 में देश के स्वतंत्रता दिवस की पूर्व संध्या पर घटी। रामास्वामी पेरियार द्रविड़नाडु के पक्ष में थे और अंग्रेज़ों द्वारा द्रविड़नाडु की मांग को महत्त्व ना दिए जाने के कारण बहुत नाराज़ थे। इसीलिए उन्होंने 15 अगस्त 1947 के दिन को उत्सव का नहीं बल्कि शोक का दिवस घोषित किया और शेष भारत के साथ आज़ादी का उत्सव मनाने से इनकार कर दिया। अन्नादुरई ने इस बात का भी विरोध किया, अन्ना ने कहा कि लंबे संघर्ष और हज़ारों शहीदों की कुर्बानी के बाद मिली इस आज़ादी का उत्साह हमें मनाना चाहिए। अगर हम इसे शोक का दिवस घोषित करते हैं तो हम शेष भारत से कट जाएँगे। अन्ना ने एक और तर्क दिया कि दशकों के संघर्ष और शहीदों की कुर्बानी का अपमान करना महान तमिल संस्कृति के मूल्यों के भी खिलाफ़ है। रामास्वामी पेरियार ने अन्नादुरई के इस तर्क को भी अपने प्रति विद्रोह के रूप में देखा, और वे अन्ना पर खूब नाराज़ हुए।

अन्य महत्त्वपूर्ण हस्तक्षेप व आंदोलन

इन आंदोलनों के अलावा कुछ अन्य महत्त्वपूर्ण आंदोलन एवं हस्तक्षेप भी हैं जो पेरियार के जीवन एवं विचारों को क़रीब से जानने का मौका देते हैं। इनमें भारत के संविधान का विरोध और सार्वजनिक रूप से हिन्दू देवी-देवताओं की मूर्तियाँ तोड़ना विशेष रूप से उल्लेखनीय है। इन दोनों हस्तक्षेपों से ज़ाहिर होता है कि वे हाल ही में आज़ाद हुए भारत के नवनिर्माण के लिए सर्वोच्च स्तर से लेकर एकदम गली-मुहल्लों के स्तर तक पूरी ताक़त के साथ बदलाव के लिए लड़ना चाहते हैं।

भारत के संविधान का विरोध

पेरियार भारत के संविधान के पूरी तरह समर्थन में नहीं थे। भारतीय संविधान में ऐसे कई बिंदु थे जिनके प्रति उन्होंने अपना असंतोष सार्वजनिक रूप से ज़ाहिर किया है। संविधान निर्माण की प्रक्रिया शुरू होते ही उन्होंने अपने में असंतोष की घोषणा शुरू कर दी थी। वे कहते थे कि भारत का संविधान उत्तर भारत के ब्राह्मणों द्वारा दक्षिण भारतीय द्रविड़ लोगों के आत्म-सम्मान को कमज़ोर करने का एक हथियार है।[1] उनके विचारों में स्वतंत्र भारत का संविधान इस प्रकार होना चाहिए जिसमें कि सभी भाषाई अस्मिताओं एवं सांस्कृतिक अस्मिताओं को अपने ढंग से खिलने और विकसित होने का मौका मिले। किसी एक दृष्टिकोण विशेष को पूरे भारत पर लागू कर देना उनके नज़रिए में भारत की विविधता के लिए घातक है। वे हमेशा ब्राह्मणों एवं ब्राह्मणवादी षड्यंत्र के प्रति आशंकित रहते थे और हिन्दी पट्टी या फिर उत्तर भारत से आने वाली प्रत्येक पहल को बहुत सावधानी से देखते थे। भारत के संविधान के प्रति उनका असंतोष ना केवल इस सावधानी के आग्रह से परिपूर्ण था बल्कि वे संविधान में वर्णित कई अनुच्छेदों एवं प्रावधानों के भी खिलाफ़ थे जिसकी उन्होंने विशेष रूप से चर्चा भी की है।

पेरियार भारतीय संविधान के कुछ अनुच्छेदों के बहुत अधिक खिलाफ़ थे। भारतीय संविधान के कुछ विवादित एवं कथित रूप से द्रविड़ विरोधी अनुच्छेदों के बारे में विचार-विमर्श के लिए सभाएँ आयोजित की गई। यह पेरियार के काम करने की अपनी शैली थी। वह हर छोटे-बड़े मुद्दे पर सामूहिक रूप से निर्णय लेते थे और उस निर्णय को लागू करने में अपने पूरे सहयोगियों को एक साथ शामिल करते थे। इसी शैली में काम करते हुए 3 नवंबर 1957 को तंजावूर में हुए द्रविड़ कड़गम सम्मेलन में संविधान के कुछ अनुच्छेदों का विरोध करते हुए उनकी सार्वजनिक रूप से निंदा करने का प्रस्ताव पास हुआ। इस प्रस्ताव के अनुसार पेरियार और उनके साथियों ने 26 नवंबर 1957 को सार्वजनिक रूप से भारतीय संविधान के कुछ अनुच्छेदों को जलाया। इस विरोध प्रदर्शन के दौरान पेरियार के दस हज़ार सहयोगियों एवं कार्यकर्ताओं ने भाग लिया था। इनमें से तीन हज़ार से अधिक लोगों को गिरफ़्तार करके कठोर कारावास के लिए भेजा गया था। अधिकांश लोगों को 6 महीने से लेकर 3 साल तक का सश्रम कारावास दिया गया था। कठोर कारावास में 15 प्रदर्शनकारियों की मृत्यु भी हुई हुई थी।[2]

इस पूरे आंदोलन ने पूरे दक्षिण भारत की सामाजिक और राजनीतिक चेतना को झकझोर दिया था। इसका प्रभाव इतना बड़ा था कि गाँव-गाँव में भारत के नव-निर्मित संविधान के पक्ष और विपक्ष में चर्चाएँ शुरू हो गईं। यहाँ पर यह नोट करना भी उचित होगा कि, पेरियार के द्वारा किए गए इन संविधान विरोधी आंदोलनों के कारण ही भारतीय संविधान में पहला संशोधन किया गया था। पेरियार द्वारा भारतीय संविधान के कुछ अनुच्छेदों का विरोध करने की बात को हमें ठीक से समझना चाहिए। वास्तव में संविधान से स्वयं डॉ. अंबेडकर भी पूरी तरह सहमत और संतुष्ट नहीं थे। उन्होंने अपने लेखन और भाषण में कई बार ज़ाहिर किया है कि यह संविधान उनकी मर्ज़ी और अपेक्षाओं के अनुरूप नहीं बना है। संविधान का निर्माण करते हुए उन्हें और उनकी टीम को कई बार कई तरह के समझौते करने पड़े हैं।

संविधान की कमियों पर डॉ. अंबेडकर और गांधी के विचार

डॉ. अंबेडकर इस संविधान को भारत के लोगों की अपेक्षाओं और आवश्यकताओं के अनुरूप ढालना चाहते थे लेकिन संविधान निर्मात्री सभा के सभी सदस्य पर्याप्त रूप से प्रगतिशील एवं नैतिक रूप से साहसी नहीं थे। कई मौकों पर, कई मुद्दों पर डॉ. अंबेडकर को संविधान निर्माण के दौरान दलितों, स्त्रियों एवं अल्पसंख्यकों सहित पिछड़ों और आदिवासियों के लिए अपेक्षित सुधार करने से रोका गया।

स्वयं डॉ. अंबेडकर ने भी इस संविधान के बारे में कहा है कि अगर उन्हें मौक़ा मिले तो वह पहले व्यक्ति होंगे जो इस संविधान में आग लगाएँगे।[3] इतनी कड़ी मेहनत से बनाए गए इस संविधान के प्रति डॉ. अंबेडकर का असंतोष बताता है कि वे स्वयं जिस तरह का संविधान बनाना चाहते थे वैसा बना नहीं सके।

इसी असंतोष की गूँज हमें गांधी के शब्दों में भी नज़र आती है। आज़ाद भारत के नवनिर्मित संविधान की प्रति जब गांधी के सम्मुख रखी गई तो उसे देख कर वे बहुत निराश हुए थे। उन्होंने इसका सरसरी तौर पर मुआयना करते हुए कहा था कि इसमें भारत के सबसे ग़रीब लोगों के लिए कुछ भी नहीं है। गांधी भी चाहते थे कि भारतीय संविधान की संरचना भारत के सबसे ग़रीब एवं वंचित लोगों की आवश्यकता एवं अपेक्षाओं के अनुरूप होनी चाहिए। उन्होंने डॉ. राजेंद्र प्रसाद और नेहरू से कहा था कि इस संविधान में ग़रीबों के हक़ के लिए कुछ उपाय करने चाहिए। गांधी के इस सुझाव के कारण बाद में संविधान में नीति निदेशक तत्वों का समावेश किया गया था।[4] ये नीति निदेशक तत्व संविधान का पालन करने वालों के लिए बाध्यकारी नहीं बल्कि जनहित एवं देश हित हेतु उचित निर्देश देने के लिए स्थापित किए गए हैं।

मूर्ति भंजक पेरियार

पेरियार के आंदोलनकारी जीवन का एक अन्य पहलू है जो बहुत ही उग्र एवं आक्रमणकारी है। वे सार्वजनिक रूप से देवी-देवताओं की मूर्तियाँ तोड़ने के पक्ष में थे। इस विषय में उनके अपने विशिष्ट विचार थे, जिनके ज़रिए वे इन मूर्तियों की निंदा करने के साथ-साथ इन मूर्तियों के समाज की और उस प्रभाव की व्याख्या करते थे। वे कहा करते थे कि मूर्ति पूजा असल में पाषाण युग की बर्बर संस्कृति है, अगर हम आधुनिक समय में भी मूर्ति पूजा करते हैं तो इसका मतलब है कि हम पाषाण युग में वापस जा रहे हैं। वे ब्राह्मणवादी हिन्दू धर्म एवं ब्राह्मण शास्त्रों के उद्धरण देते हुए सार्वजनिक रूप से इन मूर्तियों की भर्त्सना करते थे। वह अपने लोगों को समझाते थे कि इन मूर्तियों का निर्माण एवं इनकी पूजा की व्यवस्था ब्राह्मणवादी लोगों ने द्रविड़ लोगों को मानसिक ग़ुलाम बनाने के लिए की है। वे अपने तार्किक एवं वैज्ञानिक दृष्टिकोण से मूर्तियों, मूर्तिपूजा एवं मूर्तिपूजा से जुड़े कर्मकांडों का विश्लेषण करते हुए इन मूर्तियों को तोड़ने की वकालत करते थे। इस प्रकार सार्वजनिक रूप से मूर्ति तोड़ने के लिए उन्होंने कई बार आयोजन किए। इस तरह के आयोजन करने के पहले वे शासन प्रशासन को पहले सूचना दे दिया करते थे।

मूर्ति और ब्राह्मणवाद का संबंध

पेरियार मूर्ति पूजा को जाति व्यवस्था एवं ब्राह्मणवाद से जोड़कर दिखाते थे। ईश्वर एवं ईश्वर की कल्पना के आधार पर बनी समाज व्यवस्था को तोड़ देने के पक्ष में थे। वह अपने लोगों को समझाते थे कि किस प्रकार मूर्ति पूजा से जुड़ा हुआ विज्ञान जाति एवं वर्ण व्यवस्था को बनाए रखता है। इसीलिए वे ज़ोर देकर कहते थे कि जब तक इन मूर्तियों को नहीं तोड़ा जाएगा तब तक वर्ण व्यवस्था में जाति व्यवस्था समाज में बनी रहेगी। अपने इन वैज्ञानिक तर्कों एवं दलीलों को शिखर पर ले जाते हुए 1952 में उन्होंने निर्णायक रूप से घोषणा कर दी कि हिन्दुओं के मन्दिर में जितनी भी मूर्तियाँ हैं उन्हें अकेले छोड़ दिया जाए। इसके साथ ही उन्होंने हिन्दू देवी-देवताओं के पुतले बनाकर सार्वजनिक रूप से उन्हें तोड़ने-फोड़ने का काम भी किया। इन मूर्तियों को तोड़ते हुए उन्होंने *रामायण* और *महाभारत* जैसे प्रसिद्ध हिन्दू महाकाव्यों की भी भर्त्सना की। पेरियार ने सार्वजनिक रूप से कहा कि महाकाव्य एवं इनसे जुड़े पुराण जितने भी मिथकीय चरित्रों की बात करते हैं उनमें ना तो कोई नैतिकता है और ना किसी तरह की तार्किकता।

दस हज़ार मूर्तियाँ तोड़ी गयीं

पेरियार हिन्दुओं के इन महाकाव्यों में बताए गए महापुरुषों एवं उनके आदर्शों को नैतिक रूप से ग़लत साबित करते हुए उनका विरोध करते थे। विशेष रूप से उन्होंने राम की बहुत निंदा की है और उनकी मर्यादा पुरुषोत्तम एवं नैतिक छवि पर कई सवाल उठाए हैं। महाकाव्य एवं पुराणों पर आधारित मूर्तियों का विरोध करते हुए तमिलनाडु में 1953 में एक साल के अंदर ही 600 स्थानों पर हिन्दू देवी-देवताओं के लगभग 10,000 पुतलों एवं मूर्तियों को सार्वजनिक रूप से तोड़ा गया था।[5] *रामायण* पर उनकी तार्किक एवं आलोचनात्मक दृष्टिकोण से एक अलग किताब भी लिखी गई है जिसका नाम है *सच्ची रामायण*। *सच्ची रामायण* में उन्होंने प्रचलित *रामायण* एवं राम कथा पर बहुत कठोर एवं आलोचनात्मक प्रश्न उठाए हैं जो एक सामान्य हिन्दू के लिए बहुत अधिक पीड़ित करने वाले हैं। इसी *सच्ची रामायण* को उत्तर भारत के पेरियार कहे जाने वाले ललई सिंह यादव ने हिन्दी में अनुवाद करके घर-घर पहुँचाया था इसके कारण उन पर क़ानूनी मुकदमा भी दायर किया गया था और उन्हें एक लंबी क़ानूनी लड़ाई लड़नी पड़ी थी, जिसमें विजय भी हुई थी।[6]

वे मूर्तियों एवं मूर्तिपूजा से जुड़े हुए अंधविश्वास को गहराई से समझते थे। वे वैज्ञानिक दृष्टिकोण, वैज्ञानिक शिक्षा और ज्ञान की आज़ादी के लिए इतने समर्पित थे कि उन्होंने सभी अंधविश्वासों को तोड़ने के लिए अकल्पनीय तरीके अपनाए। भारत की गुरुकुल प्रणाली से और ज्ञान-विज्ञान की परंपरा से जुड़े हुए गणेश की मूर्ति को उन्होंने निशाने पर लिया। सन् 1953 में उन्होंने मद्रास में अपने हाथों से, अपनी छड़ी से हिन्दू देवता गणेश की प्रतिमा को तोड़ कर दिखाया। यह मूर्ति तोड़ कर उन्होंने अपने लोगों को बताया कि देखो यह भगवान कितना कमज़ोर है। यह अपनी रक्षा ख़ुद ही नहीं कर सकता। इसके बाद उन्होंने आत्म-सम्मान आंदोलन के अपने सभी कार्यकर्ताओं को कहा कि वे इस तरह इलाक़ों में जाएँ और मूर्तियाँ इकट्ठा कर लोगों को इन मूर्तियों की ताक़त और ईश्वर की शक्ति के बारे में बताएँ।

मूर्ति भंजन का असली उद्देश्य

पेरियार द्वारा अपनाई गई इस रणनीति का बहुत बड़ा परिणाम हुआ, लोगों ने पहली बार देखा कि जिन देवी-देवताओं को जीवन भर से पूजते आए हैं वे ख़ुद अपनी रक्षा नहीं कर पा रहे हैं। इन्हीं देवी-देवताओं से सजे हुए मन्दिरों को पेरियार ने शोषण के अड्डे और जाति-व्यवस्था जैसी गंदगी को जन्म देने वाले दलदल के गड्ढे बताया था। गणेश की मूर्ति को तोड़ना उनके लिए तत्कालीन मुख्यमंत्री सी. राजगोपालाचारी द्वारा गुरुकुल की धारणा पर आधारित शिक्षा व्यवस्था का विरोध करने का एक तरीक़ा भी था। इस प्रकार हम ग़ौर से देखें तो पता चलता है कि पेरियार ना केवल ईश्वरीय विधानों के खिलाफ़ लड़ रहे थे बल्कि, आज़ाद भारत के संविधान में ग़ैर ब्राह्मणों एवं पिछड़ों के रास्ते में रुकावट बन सकने वाली बातों का भी विरोध कर रहे थे। भारत के संविधान को देखने का उनका अपना नज़रिया था इसके आधार पर भी बहुत सारी बातों का विरोध करते रहे। इसीलिए उन्होंने आज़ाद भारत के संविधान के चुनिंदा हिस्सों को सार्वजनिक रूप से जलाया और प्रदर्शन किए।

पेरियार का अंतिम समय

पेरियार अपने आप में एक व्यक्ति नहीं बल्कि संस्था थे। उन्होंने जितने भारतीयों को आंदोलित किया, जागरूक किया और अपने हक़ के लिए लड़ना सिखाया वह एक मनुष्य के लिए लगभग असंभव नज़र आता है। यह पेरियार की अपनी अनूठी शक्ति और शैली का ही कमाल है कि उन्होंने न सिर्फ़ लोगों को शोषण के पंजे से बचाया बल्कि बेहतर जीवन, समाज और राजनीति का निर्माण करने के लिए वैकल्पिक व्यवस्था भी दी। अधिकांश क्रांतिकारी विचारक और दार्शनिक प्राचीन का खंडन और नवीन का मंडन करते हुए ही दुनिया से चले जाते हैं। ऐसे बहुत कम लोग होते हैं जो खंडन और मंडन के समानांतर भविष्य के लिए शुभ की रचना करते हुए जीवन, समाज और राष्ट्र के लिए संस्थाओं और परंपराओं की रचना कर पाते हैं। पेरियार ऐसे ही कुछ सफल क्रांतिकारी दार्शनिकों, विचारकों में से एक व्यक्ति हैं जिन्होंने अपनी विचारधारा के अनुरूप अपने जीवन काल में बहुत सारी चीज़ों को बदलते हुए देखा।

अगर हम उनकी तुलना ज्योतिराव फुले और डॉ. अंबेडकर से करें तो हम देख पाते हैं कि ये दोनों महापुरुष अपने जीवन काल में जो बदलाव होते देखना चाहते थे वे देख नहीं पाए। डॉ. अंबेडकर का जीवन पेरियार की तुलना में काफ़ी छोटा रहा, अगर डॉ. अंबेडकर को भी 90 या 94 साल का जीवन मिला होता तो हो सकता है कि वे भी पेरियार की तरह काफ़ी सारे बदलाव को अपने जीवन काल में देख पाते। लेकिन यह संभव नहीं हो सका।

पेरियार का अंतिम भाषण

अपनी मृत्यु से कुछ समय पहले 8 और 9 दिसंबर को पेरियार ने सफलतापूर्वक 'कॉन्फ्रेंस फॉर इरेडिकेशन ऑफ़ सोशल डिग्रेडेशन' नामक बड़े सम्मेलन का संचालन किया और अपने सहयोगियों को भविष्य के निर्देश दिए। यह आयोजन चेन्नई में किया गया था।[1] इस सम्मेलन में दूसरे दिन भाषण देते हुए उन्होंने ज़ोरदार

लहज़े में अपने सभी लोगों को एकत्र होकर जातिवाद और सामाजिक भेदभाव सहित ब्राह्मणवाद को उखाड़ फेंकने के लिए एकजुट होने का आह्वान किया। 19 दिसंबर 1973 को उन्होंने अपने जीवन का अंतिम और सर्वाधिक प्रभावशाली भाषण दिया। यह अमर भाषण थियागरायानगर में दिया गया था इस भाषण में उनकी अद्भुत वाक्पटुता, तार्किकता, पाखंड-खंडन की क्षमता और भविष्य की दूरदृष्टि एक साथ नज़र आती है।

इस भाषण में उन्होंने अपनी मौलिक मान्यताओं को फिर से रेखांकित करते हुए अपने लोगों से आह्वान किया कि वे 'शूद्र' शब्द को और शूद्र होने के एहसास को जड़ से उखाड़ फेंके। उनका कहना था कि ऐसा करते हुए भारत के करोड़ों द्रविड़ एवं ग़ैर ब्राह्मण लोग अपने जीवन के वास्तविक आत्म-सम्मान को हासिल कर पाएँगे। न केवल आत्म-सम्मान हासिल कर पाएँगे बल्कि वे चालाक ब्राह्मणों द्वारा मन्दिरों में लगाई गई रोक-टोक को हटाकर वहाँ प्रवेश कर पाएँगे और एक आज़ाद देश के आज़ाद नागरिक की तरह अपने अधिकारों का प्रयोग कर पाएँगे। इस भाषण के ख़त्म होते ही उनके शरीर में हर्निया का तेज़ दर्द होने लगा था। यह दर्द असहनीय था और उन्हें उनके सहयोगियों एवं मित्रों द्वारा तुरंत ही चेन्नई के गवर्नमेंट जनरल हॉस्पिटल ले जाया गया। यह भाषण उनका अंतिम भाषण होने के नाते हमेशा के लिए अमर हो गया। इस भाषण को बाद में एक स्वतंत्र पुस्तिका के रूप में प्रकाशित किया गया। इस भाषण को तमिल भाषा में 'पेरियारिन मरन सासनम' अर्थात्' विदा लेते हुए पेरियार का अंतिम घोषणा पत्र' के नाम से प्रकाशित किया गया।[2]

अंतिम विदाई

पेरियार की मृत्यु 94 वर्ष की परिपक्व आयु में हुई। बढ़ती हुई उम्र में उन्हें बहुत सारी शारीरिक समस्याओं का सामना करना पड़ा। अंतिम दौर में उन्होंने हर्निया की तकलीफ़ के कारण बहुत शारीरिक तकलीफ़ सही। हर्निया के इलाज के लिए अंतिम समय में उन्हें 20 दिसंबर 1973 को मद्रास के गवर्नमेंट जनरल हॉस्पिटल में भर्ती किया गया। यहाँ पर उनके शारीरिक दर्द एवं हर्निया से संबंधित समस्याओं का इलाज करने की कोशिश की गई। लेकिन इस अस्पताल में उनका इलाज ठीक से नहीं हो पा रहा था। उनके सहयोगियों एवं शुभचिंतकों ने निर्णय लिया कि उन्हें बेहतर इलाज के लिए क्रिशिचयन मेडिकल कॉलेज हॉस्पिटल, वेल्लोर शिफ्ट करना उचित होगा। यह निर्णय लेते हुए उन्होंने पेरियार को क्रिशिचयन मेडिकल कॉलेज

हॉस्पिटल में भर्ती किया। इसी हॉस्पिटल में मानवता और तार्किकता के महान योद्धा, भारत के करोड़ों दलितों, पिछड़ों और द्रविड़ों के इस मसीहा ने 24 दिसंबर 1973 को सुबह 5:30 बजे अंतिम साँस ली।

पूरे भारत में शोक की लहर

पेरियार की मृत्यु की ख़बर जंगल की आग की तरह पूरे भारत में फ़ैल गई। भारत के करोड़ों पिछड़ों, दलितों और वंचितों में उनके प्रति अपार सम्मान का भाव था। वे सारे हृदय एक साथ गहरे शोक में डूब गए। विशेष रूप से दक्षिण भारत के सभी राज्यों में एक शोक की लहर दौड़ गई। ख़बर मिलते ही तमिलनाडु के तत्कालीन मुख्यमंत्री करुणानिधि ने आधिकारिक रूप से राजकीय शोक की घोषणा की और साथ ही अवकाश की भी घोषणा की। पेरियार के शरीर को सार्वजनिक दर्शन के लिए चेन्नई के राजाजी हॉल में रखा गया। जल्द ही आख़िरी बार अपने महान नेता को देख कर उन्हें विदाई देने के लिए हज़ारों लोग उमड़ पड़े। इसी के साथ राज्य सरकार ने भी उनके राजकीय अंतिम संस्कार संबंधी आदेश जारी करके सम्मानित किया।[3]

गैर हिन्दू तरीके से सम्मानपूर्वक 'दफ़नाना'

अंत में उनके शरीर को 25 दिसंबर 1973 को चेन्नई में 'पेरियार थिडल' में रखा गया। उनके शरीर को पेरियार थिडल में 25 दिसंबर 1973 को राजकीय सम्मान से ज़मीन में दफ़ना दिया गया।[4] उनके शरीर को एक लकड़ी के ताबूत में बिलकुल ही ग़ैर हिन्दू तरीक़े से ज़मीन में दफ़नाया गया।

दूसरी पत्नी की राजनीतिक भूमिका

पेरियार के जाने के तुरंत बाद उनकी पत्नी मनीयाम्मइ ने द्रविड़ कड़गम का नेतृत्व सँभाल लिया और पेरियार के काम को आगे बढ़ाया। जीवन भर वे अपने पति के साथ इसी तरह का काम कर रही थी, वह अपने पति के कंधे से कंधा मिलाकर हर सामाजिक, राजनीतिक और सामाजिक राजनीतिक गतिविधि में भाग लेती थी और कदम-कदम पर योजना निर्माण एवं प्रबंधन का काम करती थी। पेरियार के जीवनकाल में ही उनकी काफ़ी अच्छी ट्रेनिंग हो चुकी थी। इसीलिए उन्होंने पेरियार की मृत्यु के बाद 16 मार्च सन् 1978 तक द्रविड़ कड़गम को कुशल नेतृत्व प्रदान किया। इस बीच उन्होंने बहुत सावधानी से अपने बाद आने वाले नेतृत्व को भी पूरी ज़िम्मेदारी से तैयार किया। मनीयाम्मइ की मृत्यु के बाद एक समर्पित कार्यकर्ता के. वीरमनी ने द्रविड़ कड़गम का नेतृत्व सँभाला।

पेरियार के जीवनकाल में उन्हें मिले सम्मान

सन् 1970 में यूनेस्को ने पेरियार को 'प्रॉफ़िट ऑफ़ न्यू एज' और 'दक्षिण पूर्व एशिया का सुकरात' कह कर सम्मानित किया था। पेरियार के जीवन काल में ही सन् 1971 में पेरियार के 93वें जन्मदिन पर उनके पैतृक नगर इरोड में तमिलनाडु के तत्कालीन मुख्यमंत्री करुणानिधि द्वारा पेरियार की मूर्ति का अनावरण किया गया था।[1] इसके बाद 13 अगस्त 1972 को कुड्डालोर नामक स्थान पर मुख्यमंत्री करुणानिधि द्वारा पेरियार की एक अन्य मूर्ति का अनावरण किया गया। यह वही स्थान है जहाँ पेरियार के शुरुआती राजनीतिक, सामाजिक संघर्ष के दौरान उन पर चप्पलों की बौछार की गई थी। पेरियार के 95वें जन्मदिन पर जन्मोत्सव का आयोजन 'अन्ना द्रविड़ मुनेत्र कड़गम' के महासचिव जी रामचंद्रन द्वारा किया गया और पेरियार के सम्मान में कई कार्यक्रमों का आयोजन किया गया।

पत्रकारिता में पेरियार का हस्तक्षेप

एक असाधारण वक्ता होने के साथ-साथ पेरियार एक असाधारण लेखक भी थे। हालाँकि उनके ज़माने में ऑडियो और वीडियो रिकॉर्डिंग का प्रचलन हो चुका था लेकिन काग़ज़ पर लिखे हुए या छपे हुए शब्द की ताक़त बहुत तेज़ी से बढ़ रही थी। वे जानते थे कि ग़रीब लोग ऑडियो और वीडियो तक नहीं पहुँच सकते हैं। इसलिए वे कागज़ पर छपे हुए शब्दों के ज़रिए लोगों के घर तक, उनके दिलों तक पहुँचना चाहते थे। इस क्रम में उन्होंने ग़ुलाम भारत से लेकर आज़ाद भारत तक एक लंबे अंतराल में कई पत्र-पत्रिकाओं की शुरुआत की। हज़ारों पन्नों में उन्होंने अपने क्रांतिकारी विचारों का नक्शा बनाया और लोगों के व्यक्तिगत, पारिवारिक, सामाजिक जीवन और राष्ट्र के जीवन के निर्माण के लिए अमूल्य सूत्रों की रचना की। पेरियार ने अपने पूरे जीवन काल में बहुत सारी पत्रिकाओं का प्रकाशन किया। उदाहरण के लिए *कुडी अरासू, रिवॉल्ट, पुरात्ची, पहुथारिवू, विदुथलाई, उनमाई, मॉडर्न, रेशनलिस्ट।* तमिल और इंग्लिश भाषाओं में निकलने

वाली इन पत्रिकाओं ने पेरियार के विचारों को घर-घर तक पहुँचा दिया।

एक नई राजनीतिक एवं सामाजिक चेतना इन पत्रिकाओं के लेखन के ज़रिए लोगों के दिलों तक पहुँच गई। इस मीडिया की ताक़त का पूरा इस्तेमाल करते हुए उन्होंने अपने लेखों को इन पत्रिकाओं के ज़रिए अपने देश में ही नहीं बल्कि दूसरे देशों में भी भेजा।[2] इसीलिए उन्हें तमिल पत्रकारिता के पितामहों में एक महत्त्वपूर्ण स्तंभ के रूप में देखा जाता है। वह वैचारिक विश्लेषण की प्रक्रिया में बहुत कुशल थे और अपने लेखन के द्वारा बहुत सारे सिद्धांतों और घटनाओं को आपस में पिरो कर पेश करते थे। यह कुशलता उनके भाषणों में भी नज़र आती थी लेकिन लिखते हुए वह कहीं और गहराई में पहुँच जाते थे। विशेष रूप से उन्हें यात्रा वृत्तांत लिखने में महारत हासिल थी। अपनी विदेश यात्राओं के दौरान उन्होंने जब मिस्र और कायरो की यात्रा की तब के उनके यात्रा वृत्तांत उनकी अद्भुत साहित्य प्रतिभा का परिचय देते हैं।

पेरियार द्वारा आरंभ की गईं पत्र पत्रिकाएँ इस प्रकार से हैं :

1. कुडी अरासु

पेरियार के लेखन की विधिवत शुरुआत उनकी पत्रिका *कुडी अरासु* से होती है। आत्म-सम्मान आंदोलन की शुरुआत के दौरान यही पत्रिका उनके लिए सबसे शक्तिशाली हथियार बनी थी। उनके लेखन का एक बड़ा हिस्सा इसी पत्रिका से प्राप्त होता है। उन्होंने तमिल भाषा में इस तार्किक विश्लेषण परोसने वाली पत्रिका की शुरुआत करते हुए इरोड से इसका प्रकाशन आरंभ किया। 1925 में 2 मई को यह प्रकाशन आरंभ हुआ और 30 जुलाई 1949 तक इसका प्रकाशन जारी रहा। इस बीच में पेरियार के व्यक्तिगत पारिवारिक जीवन में कई उतार-चढ़ाव आए और भारत के जीवन में भी कई उतार-चढ़ाव आए। इन सभी घटनाओं से समृद्ध होते हुए पेरियार का अपना ज्ञान और अनुभव समृद्ध हो रहा था। इस समृद्ध होते अनुभव को हम उनके लेखन में साल-दर-साल आने वाले निखार में झलकता हुआ देख सकते हैं।

अपने जीवन काल में ही उन्होंने ब्राह्मणवादी वर्चस्व वाले मीडिया की हकीकत को बहुत क़रीब से देख लिया था। उनके द्वारा सफलतापूर्वक संचालित किए गए वायकोम आंदोलन को तत्कालीन मीडिया ने जिस तरीक़े से ख़बरों से गायब कर दिया था, उसे पेरियार कभी नहीं भूल पाए थे। वायकोम आंदोलन की ख़बर को सिर्फ़ एक ही समाचार पत्र ने प्रकाशित किया था। उस समाचार पत्र का नाम *नवशक्ति* था जो कि वी. कल्याण सुंदरनार द्वारा तमिल भाषा में प्रकाशित

होता था।[3] इतने बड़े आंदोलन को मीडिया से गायब कर देना एक चमत्कार था। पेरियार इस चमत्कार को ख़त्म कर देना चाहते थे। इसीलिए उन्होंने आम लोगों की तमिल भाषा में *कुडी अरासु* नाम की अपनी पत्रिका का प्रकाशन शुरू किया ताकि ग़ैर ब्राह्मण लोगों के जीवन से जुड़े मुद्दों को सही भाषा में सही ढंग से सही मंच पर उठाया जा सके।

पेरियार ने अपने ही समान क्रांतिकारी विचारों वाले बहुत सारे प्रतिभाशाली लोगों को इकट्ठा किया था। ये सभी लोग *कुडी अरासू* में लगातार लेखन करते थे। ये लोग अपने ज़माने के उच्च कोटि के तर्कवादी और विद्वान माने जाते थे। सामी कैवल्यम, सामी चिदंबरनार, एस. गुरु स्वामी, भारती देसन, सी.एन. अन्नादुरई, एन.एस. कृष्णन, एम. सिंगारावेलर इत्यादि जाने-माने लोगों ने *कुडी अरासु* में निरंतर लेख लिखे और एक समृद्ध साहित्य की रचना की। इस पत्र में उन्होंने सन् 1926 में 'सिक्रेसी ऑफ़ हिन्दी एंड ट्रेजन टू तमिल' नामक एक भयानक लेख लिखा। यह लेख उन्होंने अपने उपनाम 'चित्रपुतीरन' के नाम से लिखा था। इस लेख में उन्होंने हिन्दी भाषा की कमजोरियों को उजागर किया और हिन्दी को ख़त्म कर देने पर ज़ोर दिया। हिन्दी का विरोध करते हुए उन्होंने तमिल भाषा के उत्थान के लिए इंग्लिश को एक महत्त्वपूर्ण उपकरण की भाँति स्वीकार किया। उनका कहना था कि इंग्लिश भाषा के ज़रिए हिन्दी की ग़ुलामी से मुक्ति और सच्ची आज़ादी हासिल की जा सकती है।[4] *कुडी अरासु* में लेखन के ज़रिए बदलाव लाने की उनकी भावनाओं को एक अन्य उदाहरण से समझा जा सकता है।

इस पत्रिका में लेखन के दौरान उन्होंने 25 दिसंबर 1927 को अपना नायकर उपनाम हटा दिया और ई. वी. रामासामी नाम से लिखने लगे। अपना नाम बदलने के बाद उनके क्रांतिकारी तेवरों में और तीख़ापन आ गया। उन्होंने निर्णायक रूप से गांधीजी के खिलाफ़ लिखना शुरू किया। गांधीजी के खिलाफ़ लिखे हुए उनके लेखों को हम सन् 1927 से 1931 के दौर में देख सकते हैं। सन् 1930 के एक लेख में हम पेरियार को खादी और चरखे की तीख़ी निंदा करते देखते हैं। इस लेख में वे खादी और चरखे की तुलना बर्बर एवं आदिम समाज के जीवन से करते हैं। इस लेख में भी वह कहते हैं कि गांधी इन आदिम उपकरणों एवं तकनीक का इस्तेमाल करके समाज को सैकड़ों साल पीछे ले जा रहे हैं। *कुडी अरासु* के माध्यम से वे सेल्फ़ रिस्पेक्ट कॉन्फ़्रेंस में हुई चर्चाओं, विचार मंथन और निर्णय सहित पारित किए गए प्रस्तावों के बारे में विस्तार से लिखते थे। जो लोग इन सम्मेलनों में शामिल नहीं हो पाते थे उनके लिए यह

पत्र बहुत काम का साबित होता था। पेरियार के क्रांतिकारी विचारों पर आधारित, सेल्फ़ रिस्पेक्ट मूवमेंट से प्रभावित होकर एक नई किस्म की सिनेमा की धारा जन्मी।[5] इस नये दक्षिण भारतीय सिनेमा में द्रविड़ विचारधारा और आत्म-सम्मान आंदोलन की विचारधारा में डूबे हुए संवाद, कहानी एवं कथानक पाए जाते हैं। इस प्रकार का सिनेमा भारत के बॉलीवुड मसाला सिनेमा से एकदम अलग होता है। दक्षिण भारत में इस नए और सामाजिक सरोकारों से जुड़े सिनेमा को जन्म देने में पेरियार के विचारों और आंदोलनों ने एक महत्त्वपूर्ण भूमिका निभाई है।

2. रिवोल्ट

कुडी अरासु के बाद पेरियार ने एक इंग्लिश साप्ताहिक पत्र का प्रकाशन शुरू किया। इसका नाम *रिवोल्ट* रखा गया था यह भी इरोड से प्रकाशित किया जाता था। इसकी शुरुआत 7 नवंबर 1928 से की गई। क्योंकि यह इंग्लिश भाषा में था इसलिए इसकी पहुँच भारत से बाहर अन्य देशों में भी बहुत तेज़ी से फैल गई थी। इसी पत्र की वजह से पेरियार के क्रांतिकारी विचारों को शेष दुनिया के विद्वानों एवं जनता ने पहली बार पहचाना। इस पत्र के माध्यम से पेरियार की एक अंतरराष्ट्रीय छवि का निर्माण हुआ और देश-विदेश के विद्वानों ने दक्षिण भारत में काम कर रहे इस अद्भुत और दुस्साहसी आदमी को जानना शुरू किया। बाद में 5 जून 1929 में इसका मुख्यालय इरोड से हटाकर मद्रास में कर दिया गया, इसके बाद यह मद्रास से लगातार प्रकाशित होता रहा और तमिल संस्कृति, धर्म भाषा, साहित्य, इतिहास इत्यादि पर विस्तार से लेखन चलता रहा। इंग्लिश भाषा में लगातार प्रकाशित होते हुए इस पत्र के माध्यम से तार्किकता एवं तार्किक राष्ट्रवाद के पक्ष में नए किस्म का लेखन दुनिया के सामने आया।

इस इंग्लिश साप्ताहिक का भी एक स्पष्ट घोषित लक्ष्य था। पेरियार ने स्पष्ट किया था कि इसका लक्ष्य है कि ''दुनिया की सारी संपत्ति और विकास के फल समाजवादी तरीक़े से दुनिया के सभी इंसानों में बराबरी से वितरित होने चाहिए।'' इंग्लिश में प्रकाशित होने वाले इस साप्ताहिक पत्र के कारण उनके अपने आत्म-सम्मान आंदोलन का विदेश में भी प्रसार होने लगा। इसके बाद उन्हें देश-विदेश से समर्थन भी हासिल होने लगा। इस साप्ताहिक पत्र में पेरियार के अलावा एस. रामनाथन, एस गुरुस्वामी, एस. कुंजीथम, डॉ. मुथुलक्ष्मी रेड्डी इत्यादि लोगों ने भी विस्तार से लगातार लेखन किया।[6] इस इंग्लिश साप्ताहिक में अपने एवं अपने मित्रों के क्रांतिकारी विचारों के अलावा उन्होंने यूरोप के कई स्थापित विचारकों की जीवनियाँ भी प्रकाशित कीं। यहाँ पर पाइथागोरस,

सुकरात, सवोनारोला इत्यादि लोगों की जीवन कथाओं का प्रकाशन विशेष रूप से उल्लेखनीय है।[7] वे चाहते थे कि अंतर्राष्ट्रीय समाज उन्हें एक खुले हुए और प्रगतिशील विचारक के रूप में अपनाए। यह एक बहुत ही सावधानी से बुनी हुई रणनीति थी जो कि बहुत हद तक सफल रही। इसका परिणाम हम बाद में देख पाते हैं जबकि संयुक्त राष्ट्र संघ ने पेरियार को उनके क्रांतिकारी विचारों एवं सामाजिक सुधार के कामों के लिए सम्मानित किया था।

रिवोल्ट नामक साप्ताहिक पत्र में पेरियार एवं अन्य लेखक सब तरह के धार्मिक अंधविश्वास और ढकोसलों पर सीधी चोट मारते थे। वे किसी भी धर्म को नहीं छोड़ते थे इसलिए सब तरह के धर्म के ठेकेदार उनका विरोध करते थे। उस समय में मुसलमान, ईसाई और हिन्दू सभी धर्म के ठेकेदारों ने उनके खिलाफ़ विरोध प्रदर्शन किए और इस प्रकाशन को रोकने के प्रयास किए। हिन्दू धर्म की तरफ़ से एक बार राजगोपालाचारी ने एक टिप्पणी की थी ''मूर्ख और बदमाश लोग मेधावी और संस्कारित बच्चों को जन्म नहीं दे सकते।'' यह टिप्पणी पेरियार के क्रांतिकारी प्रयासों के लिए की गई थी। पेरियार इस टिप्पणी का अर्थ समझते थे और उन्होंने तुरंत ही पलटवार करते हुए जवाब दिया कि ''महान प्राचीन ऋषियों की औलादें आजकल कॉफ़ी और कपड़े धुलाई की दुकानें क्यों चला रही हैं? आजकल इन महान ऋषियों की औलादों ने अपने परम प्रिय अंतर्यामी ईश्वर की भक्ति से मिलने वाले दिव्य आनंद का त्याग क्यों कर दिया है।''[8] अपने तीखे तेवरों और तार्किक हमलों के साथ *रिवोल्ट* नाम का यह पत्र कुछ सालों तक चलता रहा, लेकिन 19 जनवरी 1930 को इसका प्रकाशन भी बंद हो गया।

3. पुरात्ची

कुडी अरासु और *रिवोल्ट* के बाद पेरियार ने एक अन्य तमिल पत्रिका का आरंभ किया। *पुरात्ची* एक तमिल शब्द है जिसका इंग्लिश में मतलब विद्रोह या क्रांति होता है। *रिवोल्ट* की ही तरह यह भी साप्ताहिक पत्र था जो कि सेल्फ़ रिस्पेक्ट कम्युनिस्ट पार्टी के मुखपत्र के रूप में काम करने के लिए बनाया गया था। इसके प्रकाशन में पेरियार के साथ उनके भाई ई. वी. कृष्णसामी का भी सक्रिय योगदान था। ये दोनों भाई मिलजुल कर साप्ताहिक पत्र के माध्यम से अपने क्रांतिकारी विचारों का प्रचार करते थे। इसका प्रकाशन इरोड से सन् 1933 में 26 नवंबर से आरंभ हुआ और यह ज्यादा समय तक नहीं चल पाया। 17 जून 1934 को इसका प्रकाशन बंद हो गया। तत्कालीन ब्रिटिश सरकार ने *कुडी अरासु* पर नवंबर 1933 में प्रतिबंध लगा दिया था। इस प्रतिबंध के बाद पेरियार ने *पुरात्ची* के नाम

से यह पत्र आरंभ किया।[9] इसी अख़बार में उन्होंने शहीद-ए-आज़म भगत सिंह की फाँसी के बाद एक श्रद्धांजलि लेख भी लिखा था।

पुरात्ची के ज़रिए पेरियार ने लोगों से अपील की कि वे बड़ी-से-बड़ी संख्या में सेल्फ़ रिस्पेक्ट मूवमेंट में शामिल हों। इस प्रकार जातिगत भेदभाव से लड़ते हुए, अपनी बौद्धिक क्षमताओं को जागृत करते हुए समधर्म को स्थापित करना इस प्रयास का लक्ष्य था। *पुरात्ची* पत्र इसी प्रयास को समर्पित था, इसलिए इस पत्र में 'आत्म-सम्मान विवाह' से जुड़ी हुई सामग्रियों का बड़े प्रमाण पत्र प्रकाशन किया जाता था। विशेष रुप से यह एक नए आंदोलन को स्थापित करके लोगों को प्रेरित करने का एक शक्तिशाली तरीक़ा था।

इस पत्र में विशेष रुप से पेरियार द्वारा महिलाओं की समस्या एवं समाधान से जुड़े हुए लेख लिखवाए जाते थे। 'महिलाओं की ग़ुलामी', 'समधर्म के जगत में महिलाएँ' इत्यादि जैसे महत्त्वपूर्ण लेख उन्होंने लैंगिक आधार पर होने वाले भेदभाव को निशाना बनाते हुए लिखे।

पुरात्ची के पन्नों पर उन्होंने 'समधर्म समाजवाद' और 'लेनिन एवं उनका जगत' जैसे कई महत्त्वपूर्ण लेख लिखे। जिसमें उन्होंने जीवन, जगत, समाज में महिलाओं की स्थिति, सामाजिक, राजनीतिक, आज़ादी, आर्थिक मुद्दों पर नई बहस इत्यादि महत्त्वपूर्ण मुद्दों को रेखांकित किया। वे इन मुद्दों पर बहुत ही सरल भाषा में और उदाहरण देते हुए लिखते थे। इस पत्र में छपा उनका एक अन्य महत्त्वपूर्ण लेख 'रशिया में नास्तिकता'[10] बहुत महत्त्वपूर्ण माना जाता है। इस लेख के ज़रिए उन्होंने सोवियत रूस के समाज में स्थापित भौतिकवाद एवं नास्तिकता की समझ पर आधारित सामाजिक, राजनीतिक प्रक्रियाओं की व्याख्या की। पेरियार चाहते थे कि भारत के लोगों में एक तुलनात्मक एवं आलोचनात्मक विवेक का जन्म हो। जिसके ज़रिए वे ब्राह्मणवाद एवं हिन्दू धर्म की अंधविश्वास की प्रक्रियाओं का ख़ुद मूल्यांकन कर सकें। वे हमेशा अपने लेखों में इंगरसोल, ज्योतिबा फुले, थॉमस पेन इत्यादि का ज़िक्र करके सामाजिक, आर्थिक और राजनीतिक मुद्दों की चर्चा छेड़ते थे।[11] ब्रिटिश सरकार ने इस पत्र पर भी 1934 में जून महीने में प्रतिबंध लगा दिया।

4. पहुत्थारिवू

पेरियार *पुरात्ची* के बंद होने से ज़रा भी हतोत्साहित नहीं हुए और सन् 1934 के अप्रैल महीने में उन्होंने *पहुत्थारिवू* नाम के एक नए पत्र की शुरुआत की।

यह एक तमिल दैनिक पत्र था जो इरोड से प्रकाशित होता था। *पहुत्थारिवू* एक तमिल शब्द है जिसका अर्थ 'तर्क' होता है। रोज़ाना इसमें धुआँधार लेखन एवं क्रांतिकारी बातों की बरसात होती थी। पेरियार अपनी चिर परिचित शैली में तमिल भाषा में फिर से लोगों की मान्यताओं और उनके अंधविश्वासों पर चोट करने लगे। अपनी विशिष्ट सामाजिक एवं राजनीतिक क्रांति दृष्टि को इस नए पत्र के माध्यम से घर-घर तक पहुँचाने लगे।

इस पत्र में पेरियार ने ये सर्वाधिक महत्त्वपूर्ण लेख लिखे: 'स्वास्थ्य', 'समधर्म', 'समाजवाद', 'ईश्वर और धर्म', 'महिलाओं की मुक्ति', 'जातिवाद से मुक्ति', 'सोवियत रूस में शिक्षा', 'स्त्री पुरुष की समानता', 'क्या बच्चों का जन्म ईश्वर के द्वारा होता है?', 'क्या मनुष्य धर्म के बिना रह सकता है?' 'ज्योतिष, भाग्य, पुनर्जन्म, कर्म, स्वर्ग और नर्क', ' हिन्दू क्रिश्चियन और इस्लामिक ईश्वर', 'हिन्दी की गोपनीयता और तमिलों के प्रति षड्यंत्र', 'हिन्दी की मुखालिफ़त का आंदोलन' इत्यादि। वे अपने आस-पास के समाज और लोगों को जोड़ने के लिए बहुत ताक़त व तकनीक इस्तेमाल किया करते थे। भारतीय सभ्यता और समाज की तुलना पश्चिमी सभ्यता और समाज से करते थे। इसी के साथ उन्होंने भारत में स्थापित ब्राह्मणवादी परंपराओं और सत्ता की तुलना ब्रिटिश सरकार के तौर-तरीक़ों से की। आश्चर्यजनक रूप से उन्होंने यह सिद्ध करने की कोशिश की थी कि भारत के हिन्दू धर्म एवं प्राचीन ब्राह्मणवादी परंपराओं की तुलना में ब्रिटिश सरकार कहीं अधिक प्रगतिशील और सामाजिक न्याय की पक्षधर है। इसलिए हिन्दू धर्म द्वारा संचालित ब्राह्मणवादी परंपराओं की तुलना में ब्रिटिश सरकार को वे भारत की सामाजिक, आर्थिक मुक्ति के लिए एक वरदान मानते थे।[12]

इस पत्र के ज़रिए उन्होंने समाज में दैनिक रूप से चल रहे कर्मकांड और व्रत-त्योहारों, उत्सव इत्यादि का डटकर विरोध किया। उन्होंने बड़ी मज़ेदार भाषा में एक लेख में लिखा था कि दीपावली का त्यौहार असल में मानसिक ग़ुलामी, मूर्खता और काल्पनिक ईश्वर की भक्ति बनाए रखने का ब्राह्मणवादी तरीक़ा है।[13] इस पत्र के माध्यम से उन्होंने हिन्दू धर्म एवं ब्राह्मणवाद में रचे-बसे त्योहारों, व्रत, उपवास, जन्म-मृत्यु, विवाह इत्यादि से जुड़े कर्मकांड, दीपावली, होली, रक्षाबंधन इत्यादि त्योहारों का विरोध किया और बड़ी तर्कपूर्ण भाषा में इनके पीछे छिपे हुए ब्राह्मणवादी षड्यंत्र को उजागर किया। अपने अन्य पत्रों के अलावा इस पत्र में भी पेरियार ने अन्य लेखकों, अंतरराष्ट्रीय स्तर के विचारको और क्रांतिकारी चिंतकों को स्थान दिया। उन्होंने महान पश्चिमी तर्कवादी इंगरसोल के लेख 'धर्म क्या है' का अनुवाद प्रकाशित किया। इस लेख ने लाखों द्रविड़ों, दलितों और

ओबीसी समाज के ग़ैर ब्राह्मणों में एक नई बहस छेड़ दी। कूप मंडूक बने हुए भारतीय निरक्षर लोगों एवं तथाकथित शिक्षितों के मन पर एक जैसी चोट करने वाले इस लेख ने एक वैचारिक आग भड़का दी।[14]

अंतर्राष्ट्रीय स्तर के लेखकों एवं विचारों को अपने पत्र में स्थान देने का उनका तरीक़ा बहुत कारगर था। इस तरह वे तत्कालीन अंग्रेज़ सरकार और शिक्षित समाज के सामने यह सिद्ध कर देते थे कि उनके क्रांतिकारी विचार वैश्विक क्रांतिकारी विचारों के समान हैं। इंगरसौल के अलावा उन्होंने बर्नाड् शॉ के सुप्रसिद्ध लेख 'आज़ादी क्या है' का भी अनुवाद प्रकाशित किया। इसके अलावा जेन मिलन के 'ईश्वर एक कल्पना है', जेम्स मेकब के लेख 'दुनिया किसने बनाई', एच. जी. वेल्स के लेख 'दुनिया का एक संक्षिप्त इतिहास' इत्यादि महत्त्वपूर्ण लेखों का अनुवाद एवं प्रकाशन किया।[15]

5. विदुत्थालाई

पहुत्थारिवू के बाद उन्होंने एक और तमिल दैनिक *विदुत्थालाई* का प्रकाशन शुरू किया जिसका शाब्दिक अर्थ 'मुक्ति' होता है। इस पत्र के अस्तित्व में आते ही इस पत्र के नाम से ही बहुत सारी वैचारिक रचना शुरू हो गई। पेरियार ब्राह्मणवादी हिन्दू धर्म एवं उसकी अंधविश्वासी जाति व्यवस्था एवं परंपराओं से मुक्ति को असली मुक्ति मानते थे। इसकी स्थापना 1 जून 1935 में जस्टिस पार्टी के द्वारा की गई थी जिसका प्रकाशन सप्ताह में दो बार हुआ करता था। बाद में पेरियार ने इसे अपने हाथ में ले लिया और 1 जनवरी से यह इरोड से रोज़ाना प्रकाशित होने लगा। इसके बाद 6 जून 1964 से के. वीरामनी द्वारा इसका प्रकाशन जारी रहा। के वीरामनी के नेतृत्व में यह पत्र द्रविड़ कड़गम का मुखपत्र बन गया और निरंतर मद्रास से प्रकाशित होता रहा। आत्म-सम्मान आंदोलन के दौरान विद्रोह की वैचारिक प्रक्रिया को इस पत्र ने बहुत शक्तिशाली ढंग से आगे बढ़ाया और लोगों के नज़रिए में बुनियादी परिवर्तन पर इसने ज़ोर दिया। इसलिए इस पत्र को न्यूज़पेपर नहीं बल्कि व्यूज़पेपर कहा जाता था।

इस पत्र में लिखते हुए पेरियार अक्सर बहुत सावधान रहा करते थे। इस पत्र में उन्होंने कई लेख अपने उपनाम 'चित्रपुत्रन' के नाम से लिखें। नए उपनाम से लिखने के ज़रिये वे अपने आप को बहुत सारे अनावश्यक विवादों और झगड़ों से बचा लिया करते थे। वे अक्सर ही अपने आस-पास रहने वाले लोगों एवं पारिवारिक मित्रों एवं सहयोगियों की धार्मिक मान्यताओं पर भी करारी चोट करते थे। इसलिए अपने वास्तविक नाम से लिखते हुए अक्सर विवादों में घिर

जाते थे। इस बात से बचने के लिए ही अपने उपनाम 'चित्रपुत्रन' का इस्तेमाल किया करते थे। ब्रिटिश शासन में कई क्रांतिकारी नेताओं, लेखकों और समाज सुधारकों ने अपना नाम बदलकर किताबें लिखी हैं। इसी पत्र में एक अन्य क्रांतिकारी विचारक कुथिस गुरुसामी भी अपने उपनाम 'पलासराक्कूम्मुत्तई' के माध्यम से लिखा करते थे।[16]

यह पत्र न केवल उनके क्रांतिकारी विचारों का आईना था बल्कि हिन्दी विरोधी आंदोलन की रोज़मर्रा होने वाली कार्रवाईयों का भी दर्पण था। इस प्रकार स्थानीय लोगों एवं सामाजिक, राजनीतिक कार्यकर्ताओं को अपने आंदोलनों एवं उसके परिणामों सहित उसके खिलाफ़ हो रही कार्रवाई के बारे में सीधी जानकारी मिलती रहती थी। यह इतनी शक्तिशाली बात थी कि इससे ब्रिटिश सरकार भी ख़तरा महसूस करने लगी। ब्राह्मणवादी नेताओं एवं परिवर्तन विरोधी सामाजिक शक्तियों ने सरकार से साँठगाँठ करके इस पत्र को बंद करने के लिए भी सब तरह के षड्यंत्र रचे। इसका नतीजा यह हुआ कि ब्रिटिश सरकार ने इस पत्र पर राजद्रोह का आरोप लगा दिया।[17] सन् 1948 को इस पत्र में एक लेख आया जिसमें कहा गया कि तमिलनाडु को हिन्दी भाषा की कोई आवश्यकता नहीं है, तमिलों पर हिन्दी भाषा इसलिए थोपी जा रही है ताकि उत्तर भारतीय धर्म और संस्कृति के मूल्यों को दक्षिण में फैलाया जा सके।

हिन्दुओं के ऐतिहासिक षड्यंत्र का विरोध करते हुए उन्होंने इसका कई बार मज़ाक भी उड़ाया। यहाँ तक कि गांधीजी की दुर्भाग्यपूर्ण हत्या के बाद उन्होंने इस हत्या पर शोक जताने के बावजूद इस बात पर ज़ोर दिया कि गांधी की हत्या किसी मुसलमान ने नहीं बल्कि एक कट्टर हिन्दू ने की है। उन्होंने अपने लेखों में साफ़ किया, गांधी जी धर्म की रक्षा करने निकले थे और उसी धर्म के एक पागल व्यक्ति ने उनकी हत्या कर कर डाली है। इस तुलना से वह सिद्ध करना चाहते थे कि ब्राह्मणवाद का प्रगतिशील चेहरा असल में कट्टर चेहरे को पिछले दरवाज़े से लोगों के सामने लाने का एक उपाय है। इस पत्र में अपनों के माध्यम से इस बात को स्थापित करने का प्रयास किया कि ब्राह्मणों का एकमात्र उद्देश्य तमिल लोगों का शोषण करना और उन्हें ग़ुलाम बनाना है। भारत के ग़ैर ब्राह्मणों, द्रविड़ शूद्र एवं महिलाओं को यह तय करना है कि उन्हें ब्राह्मणों की ग़ुलामी करनी है या नहीं करनी है।

पेरियार ने इस पत्र के माध्यम से स्वतंत्र द्रविड़नाडु राष्ट्र की माँग को लगातार चर्चा में बनाए रखा। इस समय तक आते-आते पेरियार ने ब्राह्मणों के खिलाफ़ बहुत ही निर्णायक शब्दों में अपनी बात रखनी शुरू कर दी थी। उन्होंने

अपने लोगों को कहा कि ब्राह्मणों के लिए बने हुए होटलों में जाना बंद कर दो, जिन होटलों पर 'ब्राह्मण ओन्ली' लिखा है उनका बहिष्कार कर दो। न वहाँ कोई किसी तरह की नौकरी करेगा और न ही उनकी किसी तरह की मदद करेगा। इस प्रकार ब्राह्मणवाद के खिलाफ़ असहयोग का यह अपना अलग ही मॉडल था। पेरियार चाहते थे कि ब्राह्मणों को उनकी आबादी के अनुपात में से सरकारी नौकरी एवं शिक्षा के अवसरों पर उनका अधिकार ही मिलना चाहिए। इससे अधिक उन्हें अधिकार अगर मिलता है तो इसका मतलब यह होगा कि भारत के 97 प्रतिशत ग़ैर ब्राह्मणों के खिलाफ़ अन्याय हो रहा है। यह क्रांतिकारी पत्र लगातार पेरियार के विचारों का प्रचार करता रहा और 1973 में उनकी मृत्यु के बाद भी इसका प्रकाशन जारी रहा और यह कई सालों तक द्रविड़ कड़गम पार्टी के सिद्धांतों की रचना और प्रचार के काम में लगा रहा।

6. द जस्टिसाइट

पेरियार अपने लोगों को जागरूक करते हुए उन्हें न्याय के मार्ग पर लाना चाहते थे ताकि वे अपने प्रति और अपने समाज के प्रति न्याय की माँग कर सकें। वे चाहते थे कि दक्षिण भारत के सभी धार्मिक लोगों को एवं सभी शूद्रों को आधुनिकता का ज्ञान हासिल हो और वे अंतरराष्ट्रीय विश्व भाषा इंग्लिश को समझ कर उसका इस्तेमाल अपनी मुक्ति के लिए करें। इंग्लिश भाषा को ही वह आधुनिकता और ज्ञान-विज्ञान का स्रोत मानते थे इसीलिए तो अपने लोगों को लगातार इंग्लिश भाषा पढ़ने और बोलने के लिए प्रेरित करते थे। एक नए पत्र को शुरू करते हुए 19 सितंबर 1944 में उन्होंने इसका नाम इंग्लिश में *द जस्टिसाइट* ही रखा, यह एक मासिक पत्र था। इसके नाम से ही इसके उद्देश्य और कार्यप्रणाली का कुछ इशारा मिलता है।

जब पेरियार ने जस्टिस पार्टी की अध्यक्षता और नेतृत्व स्वीकार किया तभी से उन्होंने उसका नाम बदलकर आत्म-सम्मान आंदोलन कर दिया। इस बड़े परिवर्तन के बाद एक नए पत्र की आवश्यकता महसूस हुई जो कि जस्टिस पार्टी के इस नये अवतार अर्थात् सेल्फ़ रिस्पेक्ट मूवमेंट की विचार प्रक्रिया को निर्मित करते हुए समाज में प्रचारित भी कर सके। इसीलिए इस पत्र की शुरुआत की गई और आत्म-सम्मान आंदोलन के एक प्रमुख कार्यकर्ता कारीवरधसामी को इसका मुख्य संपादक बनाया गया। यह पत्र इरोड से प्रकाशित होता था और आत्म-सम्मान आंदोलन की वैचारिकी का निर्माण करना और प्रचार करना इसका मुख्य उद्देश्य था। इस पत्र को देखते ही समझ में आता था कि इसकी रणनीति क्या है, इस पत्र में इसके मुख्य पेज़ पर ब्रिटिश महाकवि शैली और लोवेल की

कविताओं के कुछ अंश नज़र आया करते थे। यह अपनी सामग्री में वर्णाश्रम धर्म और हिन्दू धर्म के पाखंडों का तीव्र विरोध करता था। इस प्रकार यूरोपीय आधुनिकता एवं भारत की सड़ी-गली परंपरा को सीधे-सीधे आमने सामने रख कर यह उसमें तुलना पैदा करता था। इस प्रकार यह पत्र उस ज़माने के शिक्षित भारतीयों को अपना भविष्य चुनने के लिए प्रेरित करता था।[18]

इस पत्र में उन्होंने 'गांधी और वर्णाश्रम धर्म', 'जातिवाद', 'द्रविड़ियन फेडरेशन', 'द्रविड़ियन यूथ', 'कोऑपरेटिव आंदोलन', 'द सेल्फ़ रिस्पेक्ट बॉम्बर', 'क्या हम नास्तिक हैं',और 'तमिल म्यूज़िक मूवमेंट' जैसे क्रांतिकारी लेख प्रकाशित किए। इन लेखों की वैचारिक सामग्री और अभिव्यक्ति की धार इतनी तीखी थी कि पढ़ने वाले तिलमिला उठते थे। ये सभी लेख ज़मीन पर खड़े कार्यकर्ताओं को वैचारिक, बौद्धिक और रणनीतिक हथियार देकर समाज और राष्ट्र के निर्माण को आगे बढ़ाने का काम करते थे। इस अर्थ में पेरियार भारत के सच्चे राष्ट्र निर्माता कहे जा सकते हैं। तमिल युवाओं को जागरूक करता हुआ यह पत्र लंबे समय तक विचार प्रबोधन करता रहा। लेकिन 2 जुलाई 1945 को इसका भी समापन हो गया।

7. उनमाई

इसके बाद उन्होंने एक नया पत्र आरंभ किया जिसका नाम *उनमाई* रखा गया। उनमाई का अर्थ होता है 'सत्य'। इसके माध्यम से पेरियार सत्य की एक नई यात्रा शुरू करना चाहते थे। यह एक पाक्षिक पत्र था जिसमें कि सामाजिक बदलाव और राजनीतिक चेतना जगाने के गंभीर प्रयास किए जाते थे। प्रसिद्ध तमिल कवि के. इमायावरम्बन इसके प्रकाशक और संपादक बने और उन्होंने इसका प्रकाशन उनमाई विलक्कम प्रेस के ज़रिए जारी रखा। यह त्रिची से प्रकाशित होता था और 1972 तक चलता रहा। 14 जनवरी 1973 से इसका प्रकाशन द्रविड़ियन प्रेस मदुरै से होने लगा। सन् 1970 और 72 के दौरान पेरियार ने कई महत्त्वपूर्ण लेख इस पत्र में लिखे। उनके कुछ सुप्रसिद्ध लेख जो कि उनकी वैचारिकी को फिर से स्पष्ट करते हैं उनके नाम यहाँ दिए जा सकते हैं। इन लेखों में 'नास्तिक समधर्मी में होते हैं', 'आत्मा' और 'कोऑपरेटिव लाइफ़' महत्त्वपूर्ण माने जाते हैं। इस पत्र में 1971 में सर्वाधिक महत्त्वपूर्ण आलेख प्रकाशित हुए थे, इनमें 'सामाजिक सुधार और धार्मिक नीति', 'अंधविश्वास', 'क्या महिलाओं को अधिकार मिलने चाहिए', 'तमिल कवियों की विशिष्टता' इत्यादि लेख वैचारिक दृष्टि से एक नई दुनिया का द्वार खोलने वाले थे। इन लोगों ने नई अंतर्दृष्टि के साथ हज़ारों लोगों को प्रेरित और प्रभावित किया। यह आज़ाद भारत का वह दौर था जबकि दक्षिण भारत में बहुत बड़े-बड़े राजनीतिक

परिवर्तन शुरू होने वाले थे। हम यह देख सकते हैं कि इन परिवर्तनों की शुरुआत में पेरियार के इन विचारों ने कितनी बड़ी भूमिका निभाई थी।

8. द मॉडर्न रेशनलिस्ट

पेरियार एक सुलझे हुए तर्कवादी थे और अपने आस-पास के लोगों को भी उसी तरह सोचने और काम करने के लिए प्रेरित करते थे। इसीलिए उनके जीवन में उन्होंने जो अंतिम पत्र शुरू किया उसका नाम उन्होंने *द मॉडर्न रेशनलिस्ट* रखा। वे जानते थे कि स्वतंत्र भारत में उत्तर भारत की तरफ़ से अनुवाद के पाखंड से भरी हुई प्रवृत्तियाँ दक्षिण में प्रवेश कर रही हैं। वे समझ रहे थे कि अगर यह काम जारी रहता है तो उनके जीवन भर की मेहनत को ब्राह्मणवाद मिट्टी में मिला देगा। इस बात के प्रति सावधान रहते हुए उन्होंने ना सिर्फ़ अपने ढंग की राजनीति शुरू की बल्कि अपनी विशिष्ट शैली में उन्होंने साहित्यिक रचना एवं फ़िल्मों की रचना को भी प्रेरित किया।[19] सन् 1971 में सितंबर महीने में उन्होंने इस पत्र की शुरुआत की। यह पत्र इंग्लिश में निकाला गया और इसने भारत के दक्षिण के सभी राज्यों सहित देश-विदेश में बड़ा सम्मान हासिल किया।

यह पत्र मनीअम्माई द्वारा प्रकाशित और वीरमणि द्वारा संपादित किया गया। इस पत्र में पेरियार के द्वारा लिखे गए संपादकीय बहुत ही महत्त्वपूर्ण माने जाते हैं। पहले ही अंक में सितंबर 1973 में, इसका पहला संपादकीय पेरियार ने स्वयं लिखा था। 'ऑल अलोन इन द फील्ड' नाम के संपादकीय में पेरियार ने, इस पत्र के उद्देश्यों और रणनीति का परिचय दे दिया था।[20] अगले अंकों में पेरियार के द्वारा लिखे गए संपादकीय उदाहरण के लिए 'अवर मिशन' और 'बर्थडे मैसेज' के ज़रिए उन्होंने बहुत ही तीखे और तार्किक विचारों के आधार पर कई सामाजिक, राजनीतिक मुद्दों को उजागर किया।[21] इस पत्र में भी उन्होंने लेनिन, कार्ल मार्क्स, फ्रेडरिक एंगेल्स, वाल्टेयर, कन्फ्यूशियस, कोपरनिकस, गैलीलियो, और रूसो, बर्नार्ड शॉ, जैसे महान विचारकों के लेख एवं जीवन चरित्र प्रकाशित किये। उनका यह प्रयास इतना ताक़तवर और बहुस्पर्शी था कि इसने अचानक ही पूरी दुनिया का ध्यान आकर्षित कर लिया। अमेरिका के कैलिफ़ोर्निया राज्य के प्रगतिशील लोगों द्वारा एवं लंदन के प्रगतिशील नागरिक समाज द्वारा उन्हें सम्मानित किया गया। लंदन के प्रकाशित होने वाले *ह्यूमनिस्ट*, और कैलिफ़ोर्निया से प्रकाशित होने वाले *फ्री थिंकर* पत्र के ज़रिए पेरियार के महान प्रयास को अंतरराष्ट्रीय स्तर पर स्वीकार और सम्मानित किया गया।

संदर्भ ग्रंथ सूची

अध्याय-1

1. Ambedkar, B. R. 2016. *Philosophy of Hinduism*. 1st edition. New Delhi: Samyak Prakashan.
2. Gupta, Subrata Das. 2011. *Awakening*. Noida: Random House India.
3. Rai, Lajpat. 1915. *The Arya Samaj: An Account of Its Origin, Doctrines, and Activities, with a Biographical Sketch of the Founder*. Bombay: Longman Green and Company.
4. Hardy, and Thomas Hardy. 1972. *The Muslims of British India*. London: Cambridge University Press.
5. Anaimuthu, V. 1980. *Contribution of Periyar E.V.R. to the Progress of Atheism*. Chennai: Periyar N̲ūl Veliyittakam.
6. Paramarthalingam, C. 1997. *Religion and Social Reform in Tamil Nadu*. Chennai: Rajakumari Publications.
7. Bate, Bernard. 2009. *Tamil Oratory and the Dravidian Aesthetic: Democratic Practice in South India*. New York: Columbia University Press.
8. Hardgrave, Robert L. 1965. *The Dravidian Movement*. Mumbai: Popular Prakashan.
9. Khilnani, Sunil. 2016. *Incarnations: History of India in 50 Lives*. New Delhi: Penguin India.
10. Kītā, V., and E. V. Rājaturai. 1998. *Towards a Non-Brahmin Millennium: From Iyothee Thass to Periyar*. Mumbai: Samya Publications.
11. Anaimuthu, V. 1980. *Contribution of Periyar E.V.R. to the Progress of Atheism*. Chennai: Periyar Nūl Veliyittakam.
12. G.O. 1938. 'G.O. No. 5959'. Confidential Department Madras.
13. Gopalakrishnan, M. D. 1991. *Periyar: Father of the Tamil Race*. Bingley, United Kingdom: Emerald.
14. Das, C.R. 1923. *The Way to Swaraj: Speeches of Desabandhu Das, Madras, 1923, Specially Rev.* Madras: Tamil-Nadu Swarajya Party.
15. Kudi Arasu, 5 May. 1948, 1948.

16. Irschick, E.F. 1986. *Tamil Revivalism in the 1930s*. Adyar: Cre-A.
17. Veeramani, K. 1996. *Periyar: Is There a God?* Madras: Emerald Publishers.

अध्याय–2

1. Gopalakrishnan, M. D. 1991. *Periyar: Father of the Tamil Race*. Bingley, United Kingdom: Emerald.
2. Shah, M. B. 2009. *Bhartiya Samaj Kranti Ke Janak Mahatma Jotiba Phule*. Radhakrishan Prakashan Pvt. Limited.
3. Gopalakrishnan, M. D. 1991. *Periyar: Father of the Tamil Race*. Bingley, United Kingdom: Emerald.
4. Jeyaraman, Bala. 2013. *Periyar: A Political Biography of EV Ramaswamy*. Rupa Publications.
5. Diehl, Anita. 1978. *Periyar E.V. Ramaswami: A Study of the Influence of a Personality in Contemporary South India*. New Delhi: B.I. Publications.
6. Gopalakrishnan, M. D. 1991. *Periyar: Father of the Tamil Race*. Bingley, United Kingdom: Emerald.
7. *The Modern Rationalist*, 2000. Peryar Self Respect Propaganda Institution, Madras, June 2000
8. Anaimuthu, V. 1980. *Contribution of Periyar E.V.R. to the Progress of Atheism*. Chennai: Periyar Nūl Veliyittakam.
9. Kandasamy, W. B., Florentin Smarandache, K. Kandasamy, and Ī Ve Rāmacāmi. 2005. *Fuzzy and Neutrosophic Analysis of Periyar's Views on Untouchability*. Phoenix: HEXIS.
10. Rāmacāmi, Ī V., and K. Veeramani. 1992. *Periyar on Women's Rights*. Chennai:

अध्याय–3

1. Rāmacāmi, Ī V., and K. Veeramani. 1992. *Periyar on Women's Rights*. Chennai:
2. Veeramani, K. 2016. *Collected Works of Periyar E.V.R.* Chennai: The Periyar Self-Respect Propaganda Institution.
3. Raj, V. 2018. *First Indian Women Teacher: Savitribai Phule: Biography of Savitribai Phule*. Educreation Publishing.
4. Periyar, EV Ramasamy. 2007. *Why Were Women Enslaved*. Translated by Meena Kandasamy. Chennai: Periyar Self-Respect Propaganda Institution.

5. Veeramani, K. 2007. *Collected Works of Periyar E.V.R.* Chennai: The Periyar Self Respect Propaganda Institution.

6. Periyar, EV Ramasamy. 2007. *Why Were Women Enslaved.* Translated by Meena Kandasamy. Chennai: Periyar Self-Respect Propaganda Institution.

7. Gopalakrishnan, M. D. 1991. *Periyar: Father of the Tamil Race.* Bingley, United Kingdom: Emerald.

8. Rāmacāmi, Ī V., and K. Veeramani. 1992. *Periyar on Women's Rights.* Chennai:

9. Chandrababu, B. S., and L. Thilagavathi. 2009. *Woman, Her History and Her Struggle for Emancipation.* Chennai: Bharathi Puthakalayam.

10. Periyar, EV Ramasamy. 2007. *Why Were Women Enslaved.* Translated by Meena Kandasamy. Chennai: Periyar Self-Respect Propaganda Institution.

11. Periyar, EV Ramasamy. 2007. *Why Were Women Enslaved.* Translated by Meena Kandasamy. Chennai: Periyar Self-Respect Propaganda Institution.

12. Rāmacāmi, Ī V., and K. Veeramani. 1992. *Periyar on Women's Rights.* Chennai:

13. Chandrababu, B. S., and L. Thilagavathi. 2009. *Woman, Her History and Her Struggle for Emancipation.* Chennai: Bharathi Puthakalayam.

14. Diehl, Anita. 1978. *Periyar E.V. Ramaswami: A Study of the Influence of a Personality in Contemporary South India.* New Delhi: B.I. Publications.

15. Gopalakrishnan, M. D. 1991. *Periyar: Father of the Tamil Race.* Bingley, United Kingdom: Emerald.

16. Diehl, Anita. 1978. *Periyar E.V. Ramaswami: A Study of the Influence of a Personality in Contemporary South India.* New Delhi: B.I. Publications.

17. Rāmacāmi, Ī V., and K. Veeramani. 1992. *Periyar on Women's Rights.* Chennai:

18. Pannan. 2015. *Periyar: The Great Thinker.* Translated by B.S. Govindarajan. Thiruvarur: Periyar Pattarai.

19. Pannan. 2015. *Periyar: The Great Thinker.* Translated by B.S. Govindarajan. Thiruvarur: Periyar Pattarai.

20. Kumari, K. 1990. *Women of Tamil Nadu: A Status Survey.* Chennai: C.P. Ramaswami Aiyar Institute of Indological Research.

21. Hauswirth, F. 1932. *Purdah: Status Of Indian Women*. London: Taylor & Francis.

22. Jeyaraman, Bala. 2013. *Periyar: A Political Biography of EV Ramaswamy*. Rupa Publications.

23. Chandrababu, B. S. 1993. *Social Protest and Its Impact on Tamil Nadu: With Reference to Self Respect Movement, from 1920's to 1940's*. Chennai: Emerald Publishers.

अध्याय-4

1. 'Viduthalai'. 1991. 'Hundred and Fifteenth Birthday Souvenir of Periyar", Viduthalai,' 1991.

2. Veeramani, K. 2003. *Periyariyal, Ramayana Studies Discourses (Tamil)*. Chennai: Dravidar Kazhaka.

3. Veeramani, K. 2003. *Periyariyal, Ramayana Studies Discourses (Tamil)*. Chennai: Dravidar Kazhaka.

4. NDTV. 2013. *What Makes Jayalalithaa's 'Amma' Canteens so Successful*.https://www.youtube.com watch? v=9QwO9RyihO8& ab_channel=NDTV.

5. *The Modern Rationalist*. 1975. Periyar Self Respect Propaganda Institution, Madras, July 1975.

6. Mangalamurugesan, N. K. 1980. *Self Respect Movement in Tamil Nadu, 1920-1940*. Madurai: Koodal Publishers.

7. Gopalakrishnan, M. D. 1991. *Periyar: Father of the Tamil Race*. Bingley, United Kingdom: Emerald.

8. Amaladoss, Michael. 2014. *Life in Freedom: Liberation Theologies from Asia*. Oregon, U.S.A.: Wipf & Stock Publishers.

9. Pannan. 2015. *Periyar: The Great Thinker*. Translated by B.S. Govindarajan. Thiruvarur: Periyar Pattarai.

10. Diehl, Anita. 1978. *Periyar E.V. Ramaswami: A Study of the Influence of a Personality in Contemporary South India*. New Delhi: B.I. Publications.

11. Aloysius, G. 2007. *Periyar on Buddhism*. New Delhi: Critical Quest.

12. Pannan. 2015. *Periyar: The Great Thinker*. Translated by B.S. Govindarajan. Thiruvarur: Periyar Pattarai.

अध्याय-5

1. *The Modern Rationalist*, 2002. Periyar Self Respect Propaganda Institution, Madras, January 2002.
2. Manohar, M.R., trans. 2020. 'Periyar during the Period of Plague – Modernrationalist'. 1 October 2020. http://modernrationalist.com/periyar-during-the-period-of-plague/.
3. Diehl, Anita. 1978. *Periyar E.V. Ramaswami: A Study of the Influence of a Personality in Contemporary South India*. New Delhi: B.I. Publications.
4. Veeramani, K. 2016. *Collected Works of Periyar E.V.R.* Chennai: The Periyar Self-Respect Propaganda Institution.
5. Kudi Arasu, 21 August. 1948, 1948.

अध्याय-6

1. Veeramani, K. 2016. *Collected Works of Periyar E.V.R.* Chennai: The Periyar Self-Respect Propaganda Institution.
2. *Young India*. 1921, 22 December 1921.
3. Veeramani, K. 2016. *Collected Works of Periyar E.V.R.* Chennai: The Periyar Self-Respect Propaganda Institution.
4. Trivedi, Lisa N. 2007. *Clothing Gandhi's Nation: Homespun and Modern India*. Bloomington: Indiana University Press.

अध्याय-7

1. Anaimuthu, V. 1980. *Contribution of Periyar E.V.R. to the Progress of Atheism*. Chennai: Periyar Nūl Veliyittakam.
2. Vishwanathan, E. Sa. 1983. *The Political Career of E. V. Ramasamy Naicker*. Madras: Ravi and Vasanth Publishers.
3. 'Viduthalai'. 1969. Periyar Self Respect Propaganda Institution, Madras, 15 December 1969.
4. Vishwanathan, E. Sa. 1983. *The Political Career of E. V. Ramasamy Naicker*. Madras: Ravi and Vasanth Publishers.

अध्याय-8

1. *Viduthalai*. 1950. Periyar Self Respect Propaganda Institution, Madras, 30 March 1950.
2. *Young India*. 1925, 19 March 1925.

3. Kandasamy, W. B., Florentin Smarandache, K. Kandasamy, and Ī Ve Rāmacāmi. 2005. *Fuzzy and Neutrosophic Analysis of Periyar's Views on Untouchability*. Phoenix: HEXIS.

अध्याय-9

1. Sau, A. 2020. *A Marxist Theory of Ideology: Praxis, Thought and the Social World*. Routledge Studies in Social and Political Thought. oxon: Routledge.
2. Vishwanathan, E. Sa. 1983. *The Political Career of E. V. Ramasamy Naicker*. Madras: Ravi and Vasanth Publishers.
3. *Kudi Arasu*, 12 July. 1925, 1925.
4. *Kudi Arasu*, 6 December. 1925, 1925.
5. Veeramani, K. 1998. *The History of the Struggle for Social and Communal Justice in Tamil Nadu*. 3rd. Revised an Enlarged edition. Chennai: Dravidar Kazhagam.
6. Gopalakrishnan, M. D. 1991. *Periyar: Father of the Tamil Race*. Bingley, United Kingdom: Emerald.
7. Vishwanathan, E. Sa. 1983. *The Political Career of E. V. Ramasamy Naicker*. Madras: Ravi and Vasanth Publishers.
8. Vēlucāmi, Na. 1999. *Periyar, the Social Scientist*. Chennai: Saroja Velusamy.
9. *Kudi Arasu*, 12 July. 1931, 1931.

अध्याय-10

1. Vishwanathan, E. Sa. 1983. *The Political Career of E. V. Ramasamy Naicker*. Madras: Ravi and Vasanth Publishers.
2. Saraswathi, Srinivasan. 1994. *Towards Self-Respect: Periyar EVR on a New World*. Chennai: Institute of South Indian Studies.
3. Bate, Bernard. 2009. *Tamil Oratory and the Dravidian Aesthetic: Democratic Practice in South India*. New York: Columbia University Press.
4. *Kudi Arasu*, 6 December. 1925, 1925.
5. Saraswathi, Srinivasan. 1994. *Towards Self-Respect: Periyar EVR on a New World*. Chennai: Institute of South Indian Studies.
6. *Revolt*, 5 December. 1928, 1928.
7. Saraswathi, S. 1974. *Minorities in Madras State: Group Interests in Modern Politics*. New Delhi: Impex India.
8. *Kudi Arasu*, 1 September. 1929, 1925.
9. *Puratchi*, 26 November. 1933, 1933.

10. Sattanathan, A. N. 1982. *The Dravidian Movement in Tamil Nadu and Its Legacy*. Madras: University of Madras.
11. *Kudi Arasu*, 2 May. 1925, 1925.

अध्याय-11

1. Barnett, Marguerite Ross. 2015. *The Politics of Cultural Nationalism in South India*. New Jersey: Princeton University Press.
2. Pandian, Jacob. 1987. *Caste, Nationalism and Ethnicity: An Interpretation of Tamil Cultural History and Social Order*. Popular Prakashan.
3. Kandasamy, W. B., Florentin Smarandache, K. Kandasamy, and Ī Ve Rāmacāmi. 2005. *Fuzzy and Neutrosophic Analysis of Periyar's Views on Untouchability*. Phoenix: HEXIS.
4. *Kudi Arasu*, 24 July. 1940, 1940.
5. Kandasamy, W. B., Florentin Smarandache, K. Kandasamy, and Ī Ve Rāmacāmi. 2005. *Fuzzy and Neutrosophic Analysis of Periyar's Views on Untouchability*. Phoenix: HEXIS.
6. Hardgrave, Robert L. 1965. *The Dravidian Movement*. Mumbai: Popular Prakashan.
7. *Kudi Arasu*, 21 January. 1940, 1940.
8. G.O. 1957. 'G.O. No. 2203'. Secret Department, Madras.

अध्याय-12

1. *Kudi Arasu*, 2 August 1931, 7
2. *Kudi Arasu*, 15 December. 1929, 1929.
3. Chidambaranar, Samy. 2010. *Tamizhar Thalaivar*. Chennai: The Periyar Self-Respect Propaganda Institution. https://www.amazon.in/THAMIZHAR-THALAIVAR-V-R-VAZHKKAI-SARALA-RU-1/dp/8190357905.
4. G.O. 1935. 'G.O. No. 999'. Public Department, Madras.
5. *Kudi Arasu*, 12 December. 1931, 1931.
6. G.O. 1934. 'G.O. No. 974'. Law (General) Madras.

अध्याय-13

1. Hardgrave, Robert L. 1965. *The Dravidian Movement*. Mumbai: Popular Prakashan.
2. Rajagopalan, Swarna. 2001. *State and Nation in South Asia*.

Colorado: Lynne Rienner Publishers.

3. *Kudi Arasu*, 5 August. 1944, 1944.

4. Viduthalai, May 29. 1970. Periyar Self Respect Propaganda Institution, Madras, 1970.

5. Kītā, V., and E. V. Rājaturai. 1998. *Towards a Non-Brahmin Millennium: From Iyothee Thass to Periyar*. Mumbai: Samya Publications.

6. Geetha, V, and S V Rajadurai, eds. 2008. *Revolt - A Radical Weekly in Colonial Madras*. Chennai: Periyar Dravidar Kazhagam.

7. Geetha, V, and S V Rajadurai, eds. 2008. *Revolt - A Radical Weekly in Colonial Madras*. Chennai: Periyar Dravidar Kazhagam.

8. Sattanathan, A. N. 1982. *The Dravidian Movement in Tamil Nadu and Its Legacy*. Madras: University of Madras.

9. Veeramani, K. 2007. *Collected Works of Periyar E.V.R.* Chennai: The Periyar Self Respect Propaganda Institution.

10. *The Modern Rationalist*, 2003. Periyar Self Respect Propaganda Institution, Madras, 2003.

11. Kandasamy, W. B., Florentin Smarandache, K. Kandasamy, and Ī Ve Rāmacāmi. 2005. *Fuzzy and Neutrosophic Analysis of Periyar's Views on Untouchability*. Phoenix: HEXIS.

12. Kandasamy, W. B., Florentin Smarandache, K. Kandasamy, and Ī Ve Rāmacāmi. 2005. *Fuzzy and Neutrosophic Analysis of Periyar's Views on Untouchability*. Phoenix: HEXIS.

13. *Pahuttharivu*, 1 August. 1938, 1938.

अध्याय-14

1. G.O. 1948b. 'G.O. No. 1922'. Secret Department, Madras.

2. G.O. 1948a. 'G.O. No. 1563'. Public Department, Madras.

3. *Kudi Arasu*, 31 January. 1948, 1948.

4. *Kudi Arasu*, 31 January. 1948, 1948.

अध्याय-15

1. Anaimuthu, V. 1980. *Contribution of Periyar E.V.R. to the Progress of Atheism*. Chennai: Periyar Nūl Veliyittakam.

2. Kannan, R. 2017. *Anna: The Life and Times of C.N. Annadurai*. New Delhi: Penguin.

3. *Viduthalai*. 1949, 19 June 1949.

4. *Kudi Arasu*, 16 July. 1949, 1949.

अध्याय–16

1. Veeramani, K. 1998. *The History of the Struggle for Social and Communal Justice in Tamil Nadu*. 3rd. Revised an Enlarged edition. Chennai: Dravidar Kazhagam.
2. Veeramani, K. 2016. *Collected Works of Periyar E.V.R.* Chennai: The Periyar Self-Respect Propaganda Institution.
3. Kumar, Aishwary. 2015. *Radical Equality*. Stanford California: Stanford University Press.
4. Chapalgaonker, Narendra. 2015. *Mahatma Gandhi and the Indian Constitution*. New Delhi: Taylor & Francis.
5. The Fortnightly Report. 1954. Public Department-General, Madras.
6. रामासामी पेरियार ई.वी., (सं) रंजनप्रमोद, 2020. *सच्ची रामायण*. Translated by झा अशोक, नई दिल्ली: राधाकृष्ण प्रकाशन।

अध्याय–17

1. Veeramani, K. 2016. *Collected Works of Periyar E.V.R.* Chennai: The Periyar Self-Respect Propaganda Institution.
2. Vēlucāmi, Na. 1999. *Periyar, the Social Scientist*. Chennai: Saroja Velusamy.
3. G.O. 1973. 'G.O. No. 3398'. Public Department (General), Madras.
4. *The Modern Rationalist*, 2006. Periyar Self Respect Propaganda Institution, Madras, September 2006.

परिशिष्ट

1. Veeramani, K. 2016. *Collected Works of Periyar E.V.R.* Chennai: The Periyar Self-Respect Propaganda Institution.
2. *Puratchi*, 27 May. 1934, 1934.
3. Gopalakrishnan, M. D. 1991. *Periyar: Father of the Tamil Race*. Bingley, United Kingdom: Emerald.
4. Anaimuthu, V. 1980. *Contribution of Periyar E.V.R. to the Progress of Atheism*. Chennai: Periyar Nūl Veliyittakam.
5. Velayutham, Selvaraj. 2008. *Tamil Cinema: The Cultural Politics of India's Other Film Industry*. New Delhi: Routledge.
6. Anaimuthu, V. 1980. *Contribution of Periyar E.V.R. to the Progress of Atheism*. Chennai: Periyar Nūl Veliyittakam.
7. *Revolt*, 8 May. 1929, 1929.
8. *Revolt*, 3 November. 1929, 1929.

9. *Puratchi*, 26 November. 1933, 1933.

10. *Puratchi*, 31 December. 1933, 1933.

11. Jaffrelot, Christophe. 2003. *India's Silent Revolution: The Rise of the Lower Castes in North India*. New Delhi: Orient Blackswan.

12. *Pahuttharivu*, 1 November. 1937, 1937.

13. *Pahuttharivu*, 9 September. 1934, 1934.

14. *Pahuttharivu*, 4 November. 1934, 1934.

15. *Pahuttharivu*, 1 June. 1936, 1936.

16. *Viduthalai*, 30 March. 1948, 1948.

17. *Viduthalai*, 12 March. 1948, 1948.

18. *The Justicite*, 31 March. 1945, 1945.

19. Velayutham, Selvaraj. 2008. *Tamil Cinema: The Cultural Politics of India's Other Film Industry*. New Delhi: Routledge.

20. *The Modern Rationalist*. 1971. Periyar Self Respect Propaganda Institution, Madras, September 1971.

21. *The Modern Rationalist*. 1972. Periyar Self Respect Propaganda Institution, Madras, October 1972.

जीवन घटनाक्रम

- 17 सितम्बर, 1879 में तमिलनाडु के इरोड शहर में पेरियार ई.वी.रामासामी का जन्म।
- 1885—इरोड के एक छोटे से स्कूल में औपचारिक शिक्षा हेतु प्रवेश।
- 1889—औपचारिक स्कूली शिक्षा पर विराम।
- 1898—19 वर्षीय पेरियार का 13 वर्षीय नागम्मई से विवाह (यह पेरियार का पहला विवाह था)।
- 1898—पिता के साथ पारंपरिक व्यवसाय में प्रवेश।
- 1902—नेरुनचिपेट्टई में ब्राह्मणों द्वारा नवयुवक पेरियार के अपमान के कारण एवं पेरियार के विचारों में धर्म, समाज, जाति, ब्राह्मणों व ब्राह्मणवाद के संबंध में निर्णायक बदलाव आरंभ हुए।
- 1904—25 वर्ष की उम्र में परिवार से वैचारिक मतभेद के कारण घर त्यागकर कोलकाता सहित उत्तर भारतीय शहरों का दौरा किया। इसी दौरान काशी में हुए अपमानजनक अनुभव से जीवन की दिशा और विचारधारा में क्रांतिकारी बदलाव हुआ।
- 1909—पेरियार ने अपनी बहन की बाल-विधवा बेटी का दोबारा विवाह करवाकर ब्राह्मणवादी परंपराओं को चुनौती दी।
- 1911—पिता की मृत्यु के बाद कारोबार एवं परिवार की ज़िम्मेदारी पेरियार के कंधों पर आ गई।
- 1915—इरोड में प्लेग की महामारी के दौरान समाजसेवा हेतु खूब धन लगाया जिससे उन्हें समाजसेवी एवं सामाजिक नेता माना जाने लगा।
- 1915-1916—पेरियार ने अपने इलाके के तमिल विद्वानों के साहित्य का गहन अध्ययन किया।
- 1917—समाज सेवा की गतिविधियों में प्रसिद्धि पाने के कारण पेरियार इरोड नगरपालिका के अध्यक्ष बने और इस पद पर उन्होंने कई वर्षों तक कार्य किया।
- 1919—जलियांवाला बाग हत्याकांड के बाद पेरियार ब्रिटिश सरकार के विरोध

हेतु कांग्रेस की तरफ़ आकर्षित हुए और कांग्रेस के वरिष्ठ नेता राजगोपालाचारी से समाज सुधार व सामाजिक पुनर्निर्माण आदि विषयों पर सहमति के उपरांत कांग्रेस में शामिल हो गए।

- 1921-1922—इरोड में कांग्रेस कार्यकर्ता के रूप में नशाबंदी आंदोलन के दौरान ताड़ी की दुकानों के सामने धरना-प्रदर्शन की अध्यक्षता की और गिरफ़्तारी दी। इसी दौरान अपने स्वयं के स्वामित्व के 500 नारियल के पेड़ों को कटवाकर नशाबंदी के पक्ष में संदेश दिया।

- 1922—कांग्रेस के तिरुपुर सत्र के दौरान पेरियार को 'मद्रास प्रेसिडेंसी कांग्रेस अध्यक्ष' चुना गया। इसी सत्र में पेरियार ने *मनुस्मृति* और *रामायण* दोनों को मानवता विरोधी ग्रंथ बताया और इनको जलाने की घोषणा की।

- 1924—अछूतों के मंदिर प्रवेश आंदोलन के दौरान त्रावणकोर सरकार द्वारा दूसरी बार पेरियार की गिरफ़्तारी।

- 1924—गाँधीजी के नेतृत्व में चलाए गए खादी प्रचार आंदोलन में हिस्सेदारी के कारण ब्रिटिश सरकार द्वारा गिरफ़्तार कर जेल भेजा गया।

- 1924—नेतिरुवन्नामलाई में 30वें तमिलनाडु कांग्रेस सम्मेलन की अध्यक्षता की।

- 1925—पेरियार ने *कुडि-आरासु* पत्रिका के प्रकाशन की शुरुआत और आत्मसम्मान आंदोलन का प्रचार आरंभ किया।

- 1925—पेरियार ने कांचीपुरम में कांग्रेस अधिवेशन के दौरान कांग्रेस छोड़ने की एवं कांग्रेस को खत्म करने के संकल्प की सार्वजनिक घोषणा की।

- 1929—चिंगलेपुट में पेरियार ने आत्मसम्मान आंदोलन के प्रथम सम्मेलन का आयोजन किया।

- 1931—ईसाइयों, मुसलमानों और हिन्दू रूढ़िवादियों के विरोध के बावजूद, गाँवों का सघन दौरा, समाजवाद और जातिविहीन और धर्मविहीन समाज के बारे में प्रचार।

- 1932—मिस्र, ग्रीस, तुर्की, रूस, जर्मनी, इंग्लैंड, स्पेन, फ्रांस और पुर्तगाल जैसे देशों की यात्रा।

- 1932—इंग्लैंड में लगभग 50 हज़ार श्रमिकों को संबोधन।

- 1932—इरोड में पेरियार ने आत्मसम्मान आंदोलन के स्वयंसेवक सम्मेलन में समाजवाद की योजना का मसौदा तैयार किया।

- 1933—उनकी पत्नी श्रीमती नागम्मई का निधन।
- 1933—इरोड में पेरियार द्वारा आत्मसम्मान और समाजवाद विषय पर सम्मेलन का आयोजन।
- 1936—*कुडी-आरासु* पत्रिका में हिन्दी को भारत की सामान्य भाषा (कॉमन लैंग्वेज) बनाने के प्रस्ताव का विरोध करते हुए एक महत्त्वपूर्ण लेख का लेखन व प्रकाशन।
- 1937—'तमिलों के लिए तमिलनाडु' की पहली बार घोषणा एवं हिन्दी के विरोध का संकल्प।
- 1938—मद्रास में तमिलनाडु की महिलाओं के एक सम्मेलन के दौरान उन्हें महिलाओं द्वारा 'पेरियार' की उपाधि दी गई।
- 1938—हिन्दी विरोधी आंदोलन चलाने के कारण दो साल के कठोर कारावास और 2,000 रुपये के जुर्माने की सज़ा।
- 1938—जेल में बंद रहते हुए पेरियार ने जस्टिस पार्टी के अध्यक्ष पद को स्वीकार किया।
- 1944—सलेम में जस्टिस पार्टी के सम्मेलन की अध्यक्षता, जस्टिस पार्टी का नाम बदलकर 'द्रविड़ कषगम' रखा गया।
- 1944—पेरियार ने कानपुर में अखिल भारतीय पिछड़ा गैर-ब्राह्मणों के सम्मेलन की अध्यक्षता की और उत्तर भारतीयों के सामने द्रविड़ कषगम के सिद्धांतों का प्रचार आरंभ किया।
- 1947—भारत की आज़ादी के बाद पेरियार ने भारत के स्वतंत्रता दिवस को 'शोक दिवस' कहा।
- 1948—कुंभकोणम में अभिव्यक्ति की स्वतंत्रता के पक्ष में आंदोलन के दौरान गिरफ़्तारी एवं कारावास।
- 1949—मनीअम्मई से दूसरा विवाह।
- 1950—भारतीय गणतंत्र दिवस को 'शोक दिवस' के रूप में मानने की सलाह।
- 1952—रेलवे स्टेशन्स पर हिन्दी विरोधी आंदोलन की शुरुआत।
- 1953—अपने कार्यकर्ताओं के साथ राज्य भर में भगवान विनायक की मूर्तियाँ तोड़ने का आंदोलन छेड़ा।
- 1954—नवंबर में विश्व बौद्ध सम्मेलन में भाग लेने के लिए अपनी पत्नी के साथ बर्मा का दौरा किया।

- 1956—*रामायण* एवं राम के विरोध का एक आंदोलन शुरू किया, जिसके परिणामस्वरूप पूरे राज्य में राम की हज़ारों तस्वीरें जलाई गईं।

- 1957—तमिलनाडु के होटलों के नामों में से 'ब्राह्मण' शब्द को मिटाने के लिए एक बड़ा आंदोलन आरंभ किया।

- 1959—ऑल इंडिया रिपब्लिकन पार्टी के निमंत्रण पर उन्होंने उत्तर भारत का दौरा किया और कानपुर, लखनऊ, दिल्ली और मुंबई जैसे शहरों में जातिवाद के खात्मे के लिए जोशीले व्याख्यान दिए।

- 1965—*कम्ब रामायण* को जलाने का अभियान आरंभ, द्रविड़ कड़गम के स्वयंसेवकों ने पेरियार के कहने पर, पूरे राज्य में *कम्ब रामायण* की प्रतियाँ जलाईं।

- 1968—पेरियार, मनीअम्माई और के. वीरमणि उत्तर प्रदेश की राजधानी लखनऊ पहुँचे। उत्तर प्रदेश के पिछड़ा और अनुसूचित वर्ग सम्मेलन की स्वागत समिति द्वारा उनका ज़ोरदार स्वागत किया गया।

- 1968—पेरियार ने लखनऊ में एक विशाल सम्मेलन को संबोधित किया।

- 1969—धर्मपुरी में पेरियार की प्रतिमा के अनावरण उत्सव में माननीय मुख्यमंत्री मु. करुणानिधि की उपस्थिति में प्रतिमा का अनावरण किया गया। स्वयं पेरियार ने समारोह में भाग लिया।

- 1969—त्रिची में केन्द्रीय कार्यकारी समिति की बैठक में, पेरियार ने यह घोषणा की कि पूरे तमिलनाडु में मंदिरों के गर्भगृह में प्रवेश करने का आंदोलन 26 जनवरी, 1970 को शुरू किया जाएगा।

- 1970—त्रिची में 'पेरियार मलिगाई' में आयोजित कार्यक्रम में मासिक पत्रिका *UNMAI* (सत्य) की शुरुआत।

- 1970—यूनेस्को के तत्वावधान में, पेरियार को मद्रास (चेन्नई) के राजाई हॉल में यूनेस्को पुरस्कार दिया गया। प्रशस्ति पत्र के माध्यम से पेरियार को 'दक्षिण पूर्व एशिया के सुकरात' की भाँति सम्मानित किया गया।

- 1970—पेरियार की उपस्थिति में उनकी प्रतिमा के अनावरण का समारोह डिंडुकल में आयोजित किया गया था।

- 1970—तमिलनाडु राज्य विधानसभा ने सर्वसम्मति से विधेयक पारित करके पेरियार के दृष्टिकोण को कानूनी दर्जा देकर यह व्यवस्था की कि सभी समुदायों के लोग मंदिरों में पुजारी बन सकते हैं।

- 1971—सलेम में आयोजित अंधविश्वास की समाप्ति के लिए ट्रकों में हिन्दू देवताओं की तस्वीरें रखकर उन्हें अपमानित करते हुए जुलूस निकाला गया।
- 19 दिसम्बर, 1973 को पेरियार ने अपना अंतिम संबोधन दिया।
- 20 दिसम्बर, 1973 को पेरियार को हर्निया की शिकायत के कारण जनरल अस्पताल, मद्रास में भर्ती कराया गया था।
- 21 दिसम्बर, 1973 को उनकी इच्छ के अनुसार, पेरियार को वेल्लोर के C.M.C. अस्पताल ले जाया गया।
- 24 दिसम्बर, 1973 की सुबह पेरियार ने अंतिम साँस ली। जिसके बाद दोपहर में उनका पार्थिव शरीर राजाजी हॉल मद्रास (चेन्नई) में अंतिम दर्शन के लिए रखा गया।
- 25 दिसम्बर, 1973 को पूरे राजकीय सम्मान के साथ पेरियार के पार्थिव शरीर को द़फ़ना दिया गया।